TRAITÉ HISTORIQUE

DE LA

PEINTURE SUR VERRE.

Cet ouvrage, paru d'abord en 1803, a formé ensuite le tome VI du livre de M. Alexandre Lenoir sur le Musée des Monuments français. Ayant eu occasion d'acquérir les derniers quatre-vingt-cinq exemplaires, j'ai cru faire une chose agréable aux amateurs en extrayant des autres tomes les parties de texte relatives au même sujet et les treize planches représentant des vitraux. Par l'addition de cette partie nouvelle, l'on aura en ce seul volume tout ce qui, dans le livre de Lenoir, se rapporte à l'histoire de la peinture sur verre. Nous y avons joint aussi, ce qui manquait à la première publication, deux tables, l'une des noms des personnes et l'autre des noms de lieux, que nous devons à l'obligeance de M. Anatole de Montaiglon.

J.-B. DUMOULIN.

Paris. — Imprimerie de POMMERET et MOREAU, quai des Augustins, 17.

Musée des Monumens Francais.

Dessiné par Lenoir et Percier, Gravé par Guyot

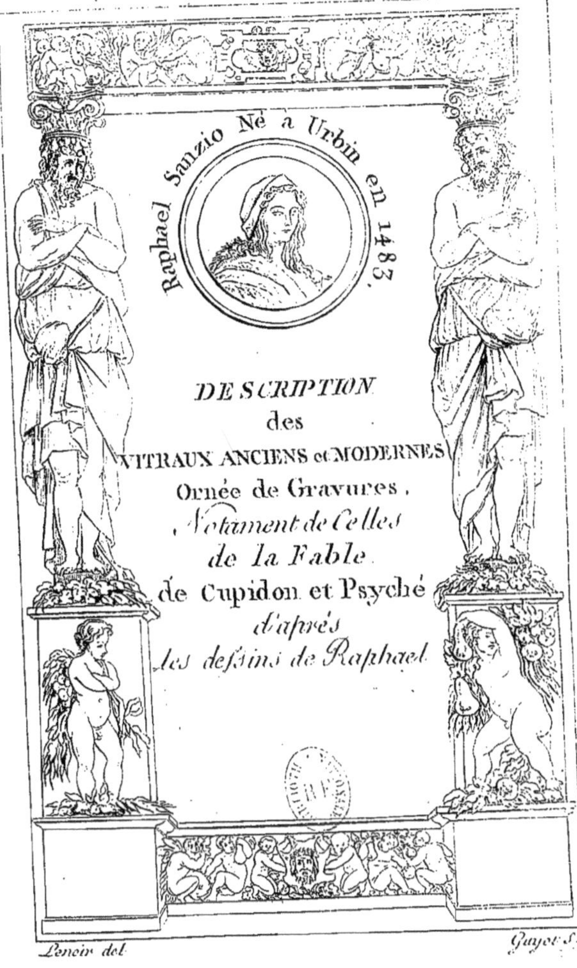

TRAITÉ HISTORIQUE

DE LA

PEINTURE SUR VERRE

ET DESCRIPTION

DE VITRAUX ANCIENS ET MODERNES

pour servir à l'Histoire de l'Art en France

PAR

ALEXANDRE LENOIR

Fondateur du Musée des Monuments français.

Édition ornée de 66 planches, et augmentée d'un Supplément et de deux Tables.

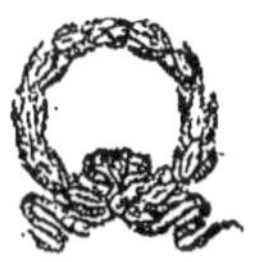

PARIS,

J.-B. DUMOULIN, LIBRAIRE,

QUAI DES AUGUSTINS, 13.

1856

INTRODUCTION.

L'OBJET principal que l'homme s'est proposé dans les arts dépendans du dessin, c'est l'homme; cependant il a quelquefois négligé cette étude profonde et sérieuse, pour s'occuper des arts relatifs à la décoration des palais et des temples. *Le beau* ayant suivi *le nécessaire*, le besoin d'offrir à l'œil les variétés de la nature, a fait naître le goût des ornemens. L'architecture, considérée comme nécessaire, a pris peu à peu du développement : bientôt on a substitué des corniches sculptées et des entablemens aux simples pièces de bois qui servaient à soutenir la couverture des réduits où l'homme naturel goûtait, au milieu de sa famille, les douceurs de la vraie philosophie et du repos; l'on a mis des colonnes à la place des pièces de supports, et le goût a su y placer des bases et des chapiteaux. L'ornement s'est épuré dans la fréquente application qu'en firent les architectes dans les monumens publics. Les sculpteurs s'empressèrent aussi de publier des modèles nouveaux, et la bienfaisante nature leur offrit un champ vaste : les animaux, les plantes de toute espèce furent imités, et cette branche de la sculpture fut portée à la perfection dans toute la Grèce. Selon Vitruve, Callimaque publia, sous le nom d'*ordre corinthien,* le chapiteau qu'il modela dans les champs de Corinthe, d'après le panier fleuri qui ombrageait les cendres d'une jeune beauté que la tendresse maternelle avait enfermées dans la tombe, après les avoir arrosées de son lait et de ses larmes. Les malheurs de Carie, ville du Péloponèse, donnèrent lieu à l'invention des cariatides.

La mosaïque, considérée comme un genre de décoration, a pris son origine à la suite des arts d'imitation, et, dès sa naissance, cet art fut employé par les architectes dans les monumens publics, soit en incrustation, soit en pavement. Il serait à desirer que nos habiles architectes, à l'imitation des anciens, liassent à leurs savantes élévations cet art intéressant qui est susceptible de produire les plus grands effets. Avant d'arriver à la perfection de la mosaïque, on a commencé par incruster dans les murailles et dans les pavemens, des cailloux, des silex, des morceaux de verres colorés, des pâtes et des plaques d'émaux ou de marbres : peu à peu on les réduisit en petites parties, et cet art, cultivé avec soin, prit une si grande prépondérance dans la Grèce, que les artistes les plus célèbres s'en occupèrent, et qu'ils parvinrent à produire les tableaux les plus frappans. Pline parle d'un certain Sosus qui travaillait à Pergame, et qui excellait dans l'art de fabriquer les mosaïques. En 1763 on découvrit à Pompéia plusieurs mosaïques de la main de Dioscoride, si l'on en juge d'après les inscriptions dont elles sont revêtues. Les Goths fabriquèrent aussi des mosaïques; mais comme ils n'avaient aucune connaissance des règles du dessin, ils ne produisirent que des figures informes, ainsi qu'on peut le vérifier dans ce Musée, d'après la tombe qui couvrait *Frédégonde*, morte en 597, décrite sous le n° 7, dans le premier volume de cet ouvrage, page 170. Dans le onzième siècle on fabriquait aussi des mosaïques en France. (Voyez le même volume, n° 429, page 210, et le n° 429 (bis) page 20 du deuxième volume.)

La pratique de la mosaïque se perpétua malgré l'ignorance qui dominait alors, et cet art fut cultivé dans Rome vers le quatorzième siècle, et à Florence un siècle après. Un président au parlement de Paris, nommé David, fit fabriquer, sous ses yeux et à ses frais, une mosaïque qui est datée de 1500. (Voyez, dans le quinzième siècle, le n° 156.)

Vers la fin du siècle dernier, le goût pour

les mosaïques prit à Rome avec cette fureur qui mène nécessairement à la perfection; et les derniers papes firent des dépenses considérables pour soutenir et encourager des mosaïstes habiles, dont ils étaient jaloux de posséder exclusivement les productions. Ils firent exécuter par ces artistes une grande partie des tableaux du Vatican, de la main de Raphaël; et ces monumens, capables de résister aux siècles et aux barbares, font encore l'ornement de l'église Saint-Pierre. Nous pensons que l'heureux emploi de la mosaïque dans les bâtimens a provoqué, de la part des décorateurs, l'invention de la peinture sur verre. La mosaïque, comme on sait, comporte dans sa fabrication de petits morceaux de verre colorés ou émaillés; de même les premières vitres peintes ne sont que de petites portions de verre de couleur, soudées l'une avec l'autre par des rainures de plomb moulées, qui leur donnent de la consistance, en les retenant dans des châssis de fer ou d'autre matière, et qui en font une espèce de tableau, comme les pierres de rapport et de verroteries, retenues dans un mastic ou ciment, produisent la peinture que l'on nomme mosaïque.

TRAITÉ HISTORIQUE

DE

LA PEINTURE SUR VERRE.

L'ART de la verrerie date de la plus haute antiquité. Pline dit que cet art fut trouvé en Phénicie; mais rien n'autorise à le croire, puisque ces peuples ne nous ont laissé aucun monument qui puisse constater qu'ils sont les auteurs de cette découverte importante. [1]

[1] Voici ce que Pline rapporte, liv. XXXVI, chap. XXVI, sur l'invention de la verrerie, sans cependant en assurer l'authenticité : « Des marchands de nitre, qui traversaient la Phénicie, ayant pris terre sur les bords du fleuve Belus, voulurent y faire cuire des alimens, et ne trouvant pas de pierres assez fortes pour leur servir de trépied, ils s'avisèrent d'y employer des morceaux de nitre. Le feu prit à cette matière, qui, alors incorporée, par l'action du feu, avec le sable, s'étant liquéfiée, forma de petits ruisseaux d'une liqueur transparente, qui, s'étant figée à quelques pas de-là, leur indiqua l'invention du verre, et la manière de le fabriquer. »

On lit, dans l'ouvrage de Le Vieil sur l'origine de

Il n'en est pas de même des Égyptiens, dont nous voyons, dans les cabinets des curieux, des objets d'art en verre, comme statues en

---

la verrerie, le paragraphe qui suit : « On pourrait faire remonter, dit-il, l'origine du verre jusqu'au temps de la construction de la tour de Babel : les carreaux de terre cuite qu'on y employa donnèrent nécessairement l'idée de la vitrification. L'activité du feu qui, lorsqu'il est trop ardent, dans la cuisson de ces matériaux, les vitrifie, ou au moins répand sur leur surface une couverte luisante comme le verre, produisit un effet qui ne dut point échapper aux enfans de Noé : dispersés depuis par toute la terre, ils ont pu donner aux peuples qui sont descendus d'eux une connaissance suffisante de la vitrification, sans qu'un de ces peuples fût redevable à l'autre d'une découverte qu'ils tenaient également de leurs ancêtres. » Cet auteur fixe encore cette découverte au temps de la servitude des Israélites en Egypte ; mais rien n'est moins avéré que tous ces récits, qui tiennent plus au merveilleux qu'à la vérité.

Merrel, dans sa préface sur l'art de la verrerie, traite le récit de Pline, dont je viens de parler, de pure absurdité, et se fonde sur ce qu'aucun verrier, de quelque nation qu'on le suppose, n'est parvenu et ne parviendra jamais à faire du verre, en brûlant ainsi au grand air le kali, ou toute autre plante ou matière propre à cet usage, en telle quantité que ce puisse être, quand il y emploierait l'activité et l'ardeur du feu le plus violent : celui même d'un four à chaux le plus concentré et le plus ardent.

porcelaine, ustensiles propres au culte, et sur-tout des plaques d'émaux, dont ils ornaient les bandelettes de leurs morts, comme on en trouve à l'entour de leurs momies.

Nous ne connaissons des Grecs aucun monument de verrerie : cependant les historiens s'accordent à dire qu'indépendamment des faisceaux [1] de verre aux usages domestiques, ils en avaient qui servaient à décorer leurs demeures, et que les bibliothèques renfermaient, entre autres objets d'instruction, des sphères et des globes célestes en verre.

Les monumens de verrerie que les Romains nous ont laissés ne sont pas aussi précieux; mais la multitude énorme de vaisseaux de verre en différens genres, sur-tout de lacrymatoires, d'urnes cinéraires et autres objets semblables, ne nous laissent aucun doute sur leurs connaissances dans cette partie. La régularité qu'ils mettaient, non seulement dans les formes, mais encore dans les épaisseurs, annonce, dans les procédés

---

[1] Ces faisceaux étaient composés de plusieurs cubes coulés, que l'on réunissait au feu, et qu'après en avoir formé une masse, on sciait à volonté, en façon de tranche, soit pour faire des vitres, soit pour d'autres objets.

qu'ils employaient, des moyens qui nous sont inconnus. Leurs vaisseaux d'airain, quoique grands, sont aussi d'une délicatesse étonnante; ce qui autoriserait à croire que, dans l'art de mouler, ils avaient plus de talens que nous.

Quant à l'art des vitraux ou de former des verres plats, soit en table ou autrement, on a long-temps douté qu'ils en eussent; et, s'ils en ont eu, rien ne prouve qu'ils en aient fait le même usage que nous; car tout le monde sait que les Romains aisés, pour se mettre à l'abri des injures de l'air, se servaient à leurs croisées de pierres semi-transparentes, telles que l'albâtre en plaques minces, ou de feuilles de mica. Dans les ruines d'Herculanum, aucune des croisées ne s'est trouvée garnie de verre en plaques. Cependant Caylus, dans son recueil d'antiquités, donne la description de verres romains plus curieux, dans leurs genres, que s'ils eussent été pris à des croisées, quoiqu'ils fussent plats : un, entre autres, était composé de zones coloriées, comme par assortiment; à une bande bleue succédaient des bandes de vert d'émeraude, de jaune, de bleu turquin, de blanc de lait, et de violet ou pourpre.[1] Ces couleurs ne

---

[1] Je citerai pour exemple le moyen dont se servent

tiraient leur effet que du corps opaque qui était dessous ; car la couleur verte avait pour base le jaune, et le blanc en servait au bleu. Ce morceau de verre pouvait être vu dans les deux sens.

Les Romains avaient encore des morceaux de verre plus étonnans, qui ressemblaient à des tranches coupées, à des faisceaux de baguettes d'émaux transparens, réunis en vitraux par un gluten.

Nous connaissons, de ces peuples, des verres colorés unis, qui recélaient aussi des matières vitrifiées, qu'ils disséminaient de différentes manières pour les employer. Tant de variétés dans ces morceaux de verres déterminèrent Caylus, conjointement avec le citoyen Majault (actuellement encore médecin à l'hospice de l'Humanité), qu'il avait associé à ses travaux chimiques, à faire des expériences aussi curieuses qu'intéressantes, qui leur donnèrent des résultats semblables aux verres romains.

Le célèbre Winckelmann, dans ses remarques sur l'architecture des anciens, rapporte

---

les lapidaires pour donner du feu ou des teintes coloriées à leurs pierres; ils y insinuent, en les montant, des plaques rouges, noires, jaunes ou d'argent.

d'après Philon et Lactance, que, sous les empereurs romains, les vitraux aux maisons étaient connus, et que dans Herculanum il s'est trouvé des verres plats, sans entrer dans aucuns détails qui annonçassent qu'ils étaient fixés à des châssis ou montés sur quelque meuble. Ce savant dit aussi que chez le cardinal Albani, on voit un dessin que l'on dit antique, et auquel il n'ajoute pas foi, qui représente des édifices romains avec des fenêtres à vitrage. Samuel Pitiscus, dans son dictionnaire, *Lexicon Antiquitatum Romanarum*, ne parle en aucune façon des vitres ou vitraux romains, mais seulement des plaques d'albâtre transparent, qui donnaient un jour doux, qui, selon moi, devait ressembler à celui que procureraient des glaces adoucies des deux côtés.

L'auteur qui parle avec le plus de précision sur le verre plat des Romains, sans cependant croire qu'ils en fissent pour leurs fenêtres le même usage que nous, c'est Boze, à qui feu Soufflot, à son retour d'Italie, en avait donné un morceau qui venait d'Herculanum, qui avait près de trois lignes d'épaisseur. Il était bien étendu, fort transparent, d'une couleur approchant du vert, et qui avait évidemment été soufflé, puisque trois cueilles[1] y étaient très-sensibles. Tout le monde sait que le gendre de Sylla, Marcus Scaurus, pendant son édilité, avait fait construire à Rome un théâtre d'une magnificence extraordinaire, dont le second étage de la scène était incrusté de verre.

Les Romains tiraient aussi de Sidon du verre noir comme du jayet, qu'ils scellaient dans les murs de leurs chambres. Pline dit en termes formels, que les anciens avaient le talent de peindre le verre de différentes couleurs, et d'imiter les pierres précieuses. Enfin, si on jette un coup d'œil sur les Nuées d'Aristophane, on lira, dans le second acte, des passages qui servent à attester que la fabrique du verre et son usage étaient répandus plus de deux mille ans avant l'ère chrétienne. Néanmoins l'usage des vitres est beaucoup postérieur à la découverte du verre, et long-temps nos aïeux ne reçurent le jour que par des ouvertures qui n'étaient défendues des injures de l'air que par des volets de bois, ensuite par des châssis garnis de canevas, de papier, etc. Saint Jérôme dit

---

[1] Les cueilles sont des espèces de creux ou matrices qui servent à placer un outil propre à retirer des creux les objets moulés.

formellement, en parlant de l'emploi du verre et de la fermeture des fenêtres, qu'elles étaient composées de simples rets, dans le genre de nos jalousies; qu'elles n'étaient point remplies de verre ni de pierre spéculaire, mais de bois, avec des espaces vides, qui étaient peints en rouge : *Fenestræ quoque erant factæ in modum retis ad instar cancellorum, ut non speculari lapide nec vitro, sed lignis in terra silibus et vermiculatis includerentur.* Dans un autre paragraphe, il dit que les fenêtres étaient fermées avec des lames de verre d'une très-petite étendue : *Fenestræ quæ vitro in tenues laminas fusæ abductæ erant.*

Ce qui fait qu'on ne peut reconnaître pour le moment les verres blancs, qui doivent dater de la plus haute antiquité, c'est que l'œil ne peut appercevoir la différence qu'il y a d'un verre blanc de quelques siècles à un verre blanc de quelques années.

Les vitraux peints sont plus faciles à reconnaître, soit par les costumes qu'ils offrent, les légendes gothiques qui y sont tracées, les sujets qu'ils représentent, etc.; mais, en général, si, en remontant aux premières époques de l'emploi et par conséquent de la fabrication des vitres peintes, nous les suivons par degrés jusqu'au moment où l'on a cessé de s'occuper de la peinture sur verre, nous appercevrons aisément que les morceaux dont ces vitres étaient composées sont d'une très-petite étendue, et qu'ils augmentent en volume à mesure que l'on se rapproche des derniers siècles. Les grands monumens qui nous les ont transmis sont les châteaux, les palais et les églises. Je crois que, dans ces derniers édifices, les vitraux, ainsi peints, étaient d'une nécessité absolue, non seulement pour retracer à l'imagination les sujets du culte, conserver un air de mysticité, mais encore préserver de l'action du soleil des êtres réunis en plein jour dans un lieu où ils restaient long-temps, et qui religieusement ne pouvaient être privés de cet astre bienfaisant; ce qui fût arrivé en y mettant, soit des volets, soit des rideaux. Saint Jérôme, qui vivait vers la fin du quatrième siècle, est l'auteur le plus reculé qui parle de vitres dans ses œuvres. Grégoire de Tours, deux siècles après, dit, en parlant d'un parti de soldats ennemis qui entrèrent dans l'église de Saint-Julien de Brioude, qu'ayant trouvé la porte fermée, un de ces soldats cassa le vitrage d'une fenêtre, derrière l'autel, et étant entré par là dans l'église, il alla ouvrir la porte aux autres. Le poète Fortunat, qui vivait vers la fin du sixième siècle, dans une description poétique qu'il fit alors de l'église de Paris, aujourd'hui Notre-Dame, fait une description pompeuse des vitres peintes. Dans la vie de saint Benoît, abbé de Wirmouth, monastère en Ecosse, où il mourut en 690, on apprend qu'ayant fait bâtir le couvent de cette abbaye, il vint en France chercher des ouvriers pour lui construire une église, et des verriers pour lui clorre en vitres son église et son cloître; car, à cette époque, les manufactures de vitres n'étaient pas encore connues dans la Grande-Bretagne : Bède, disciple de Benoît, en parle aussi dans ses œuvres. Les plus anciens vitraux que nous ayons dans ce moment, avec certitude du temps où ils ont été faits, sont ceux décrits ci-après.

On voyait à Saint-Denis des vitraux que l'abbé Suger fit poser vers 1150. Ils sont en général petits, et la partie qui reçoit la lumière se trouve adoucie, et comme apprêtée à recevoir un dessin; mais ces vitraux, tout gothiques qu'ils sont, donnent toujours une idée de l'état du dessin, de la peinture et des arts. Nous n'avons aucune notion des artistes qui ont été employés à ces travaux par Suger. Déjà six siècles se sont écoulés depuis l'exécution de ces vitraux.

Ce n'est que par la renommée que nous connaissons en France les talens de Cimabué, premier peintre verrier connu. Il vivait un siècle plus tard que les artistes qui ont travaillé pour Suger. Quoique le mérite de Cimabué ne fût pas au-dessus de celui de nos artistes verriers, qui alors n'étaient que les disciples d'autres maîtres, ses contemporains ont cependant rendu justice à son mérite, et ont su transmettre à la postérité son nom et l'époque de sa naissance ; tandis que, chez nous, les jaloux et les intrigans étouffent souvent le vrai mérite, et ne laissent pas même à leurs compatriotes, amis des arts, la douce satisfaction de tracer dans l'histoire leur nom ou celui des artistes qui les ont instruits. La plupart des sculpteurs et des peintres français qui vivaient dans les quinzième et seizième siècles, employés à la décoration de nos palais et de nos édifices publics, nous sont inconnus. Ces hommes, qui ont illustré la France par des productions savantes et vraiment belles, pourraient être réclamés par toutes les nations ; rien ne constate publiquement leur existence, si ce n'est leurs ouvrages, que l'on a souvent attribués à des étrangers. (Voyez, dans mon troisième volume, page 75, les renseignemens que j'ai pris à la Chambre des Comptes, sur les tombeaux de François Ier, Henri II, etc., dont on attribuait l'exécution à des sculpteurs italiens.) Heureusement que, pour la chronologie des arts, il s'est trouvé une manière, pour ainsi dire immortelle, de transmettre à la postérité, par la peinture, des faits historiques, des allégories, etc., qui nous sont parvenus aussi frais que sortant des mains des artistes, sans que le temps ait pu les atteindre, ou que des procédés souvent barbares, employés par des restaurateurs ignorans, les aient altérés. (Voyez la planche intitulée : *Vitraux des treizième et quatorzième siècles.*)

Les plus grands vitraux, qui viennent de l'église du Temple, que j'ai réunis dans ce Musée, ne datent point de l'époque de cet édifice, qui remonte à 1160. Ils garnissaient vingt croisées de cette église. Ces vitraux, composés et peints par Albert Durer, fondateur de l'école allemande, sont de la plus grande beauté; ils représentent les sujets les plus frappans de la vie du Christ, en commençant depuis sa naissance, et le suivant jusqu'à sa mort. L'ordonnance en est grande, les compositions bien pensées, et les développemens des draperies sont riches. Albert Durer, né coloriste, y a répandu beaucoup de chaleur et de vivacité; ses couleurs sont belles et vigoureuses, son dessin correct, et ses fonds bien distribués. La fabrique de ces vitraux est remarquable par la grandeur des pièces de verre qui y sont employées. Ces monumens immortels annoncent que le gothicisme alors commençait à s'éloigner de la France. Ils ont de remarquable, que le verre en étant épais, et que l'artiste, ayant voulu rendre sensible la prunelle de ses personnages, a fait creuser à l'outil et user avec un foret cette partie de l'œil. Cette méthode a été exécutée plusieurs fois, comme nous le verrons par la suite.

« On doit mettre au rang des vitres peintes du seizième siècle, celles de la chapelle du Saint Nom de Jésus, en l'église du grand-prieuré du Temple, à Paris. Cette chapelle, construite par les libéralités de Philippe de Villiers-de-l'Isle-Adam, grand-maître de l'ordre de Saint-Jean-de-Jérusalem, qui fut terminée en 1532, (On voit, dans ce Musée, le tombeau de Villiers-de-l'Isle-Adam, nº 447, et la description s'en trouve dans le troisième volume de cet ouvrage, page 50.) est éclairée par plusieurs grandes fenêtres, remplies de vitres, peintes de la meilleure manière, où sont représentés plusieurs traits de la vie de J. C. Le coloris en est des plus vifs; les têtes en sont très-belles et d'un grand fini. La ressemblance de quelques-unes, de celle sur-tout du premier mage qui est en adoration devant la crèche du Sauveur, avec celle qui entre dans la composition du grand tableau de l'autel, semble annoncer que ces vitres ont été peintes d'après les cartons du maître qui a peint le tableau. Ces vitres ont été remises à neuf et restaurées en 1746, par Nicolas Montjoie, maître vitrier à Paris. » (*Traité de la Peinture sur Verre,* par Le Vieil.) Voyez la planche intitulée : *Peinture d'Albert Durer.*

Les vitraux de la chapelle dite de Marie-Egyptienne, fondée vers 1250, sont d'un bon dessin, mais infiniment plus gothiques que les derniers. Ils ont beaucoup souffert, soit par les grêles, soit par vétusté. Le peu que j'ai réuni dans ce Musée est curieux à conserver pour la partie chronologique de cet art. Sur un de ces vitraux était représenté un trait assez piquant de la vie de cette sainte : c'est le moment où elle se prostitue à un batelier, pour payer son passage; dette qu'elle ne pouvait acquitter, vu sa grande pauvreté. Ce panneau était un des plus curieux, digne même d'un Muséum, par rapport au sujet, qui donnait une idée exacte des mœurs du temps; mais, en 1660, un curé de Saint-Eustache le fit enlever; on ignore ce qu'il est devenu.

Sous des prétextes différens, on a fait, dans les temps modernes, supprimer, des églises, les belles vitres peintes qui les décoraient. Les uns prétendaient qu'elles donnaient trop d'obscurité; comme si le lieu où le peuple se réunit et se recueille pour adorer la Divinité devait ressembler à une salle de bal ou à un spectacle : les autres avancèrent que la plupart des sujets qui y étaient représentés montraient des nudités et même des sujets indécens. On sait cependant que la plupart de ces sujets libres n'étaient exprimés que par des vices personnifiés, et que ces images ne s'exposaient aux yeux des hommes que pour leur inspirer de l'horreur pour les actions hideuses qu'ils voyaient en scène. C'est ainsi qu'avec des idées fausses et des scrupules mal entendus, on est parvenu à anéantir presque entièrement la pratique de ce bel art. Voici ce que le Vieil rapporte à ce sujet, dans son ouvrage, article des *causes de la décadence de la peinture sur verre :*

« Tel est le sort actuel de la peinture sur verre. On aura peine à croire que dans la capitale du royaume, au temps où j'écris, (1768) il ne se trouve qu'un artiste de ce talent, dans lequel il élève un fils âgé de 19 à 20 ans, et que ce seul artiste soit assez peu occupé autour de quelques armoiries ou de quelques frises, que son art ne pourrait suffire à ses besoins, s'il ne joignait un commerce de vitrerie plus étendu à ses entreprises de peinture sur verre. »

Les vitraux de la maison dite des Célestins, construite vers 1390, sont de différentes mains et de différentes époques ; ce qui annonce qu'après avoir essuyé des dégradations, ils ont été refaits entièrement. Les plus anciens de ce temple sont deux portraits peints dans la proportion de dix-huit pouces, l'un représentant le roi Jean, et l'autre Charles VI.

Ces deux vitraux, exécutés du temps de Charles VI, sont précieux pour le costume ; ceux de la chapelle d'Orléans étaient également précieux : toute cette famille y était représentée en pied. On y voyait aussi François Ier, Henri II, Charles IX, etc., etc. L'exécution en est attribuée à Bernard Van Orlay, né à Bruxelles, et qui florissait en 1535. Charles-Quint, protecteur de ses talens, le fit sur-intendant des peintures et tapisseries de ses États. Ces vitraux offrent des difficultés vaincues bien singulièrement : dans un ornement où l'artiste avait besoin d'une draperie bleue semée de fleurs de lis, il s'est servi d'un verre, non pas bleu dans sa pâte, mais seulement bleu sur les deux faces, puis il a fait creuser dans son verre des fleurs de lis qu'il a peintes en jaune, et, après cette opération, il a ombré le tout comme il convenait. (Ils ont été détruits en partie.)

Jean Cousin a peint, pour ce monastère, un vitrail représentant un calvaire, dont j'ai recueilli quelques débris ; ce qui en reste fait regretter ce qui a été détruit : le dessin en est vigoureux, la couleur belle, et l'ajustement d'un grand style. On apperçoit aisément que ce maître était nourri des productions de Raphaël.

Les plus beaux monumens de ce genre qui soient en France sont les vitraux que Jean Cousin a peints dans la chapelle de Vincennes. J'ai long-temps sollicité leur déplacement, pour les préserver des dégradations auxquelles ils ont été livrés depuis plusieurs années : le ministre Benezech m'a autorisé à les réunir dans le Musée que je dirige, pour compléter une collection précieuse à la chimie et à l'histoire de l'art du dessin. Plusieurs de ces vitraux ont été totalement abymés par la grêle; ils représentaient divers passages de l'Apocalypse. Ceux qui sont conservés sont au nombre de sept. Les deux plus beaux étaient dans le sanctuaire: la composition en est vigoureuse; elle représente la chûte du monde ou les approches du jugement dernier : la terre est ébranlée; des flammes soulèvent les flots de la mer, roulant des malheureux qui cherchent à combattre la mort, qui veut les frapper. Des anges, au milieu des éclairs, sonnent la trompette universelle. Ces contrastes sont frappans, et touchent l'ame du spectateur. Chacun des sujets est divisé par des encadremens peints en grisailles, formant des voûtes de façon à donner de la profondeur aux sujets. On voit, dans les angles du haut, les chiffres d'Henri II et de Diane de Poitiers, et dans le bas des groupes de trophées de guerre, ornés de salamandres. Les vitraux de la nef ont la même distribution; ils représentent les portraits en pied de François Ier et Henri II, de grandeur naturelle. Plusieurs ont été très-dégradés par les passans qui y lançaient des pierres, etc. Au bas de l'un des deux, on voit la Vierge ayant l'enfant Jésus sur ses genoux.

Ces peintures sont sublimes ; elles ont plutôt l'air d'être exécutées sur la toile que sur le verre. Jean Cousin y a réuni et employé toutes les ressources de son art. Son dessin semble être celui de Jules Romain, sa couleur et son faire, celui du Corrége. Une fausse tradition annonçait que Jean Cousin avait exécuté ses peintures sur des cartons de Jules Romain ; c'est une erreur accréditée par des gens qui ne savent pas découvrir dans les ouvrages des grands maîtres ces traits fins qui décèlent leur amé dans leurs compositions; cette délicatesse presque surnaturelle qui constitue le dessin et l'expression, qui fait qu'un tableau de Michel Ange ne ressemble point à un tableau de Raphaël. Je suis heureux de combattre un bruit suscité, peut-être du temps même de l'auteur, par la jalousie des artistes ses contemporains, et que, depuis, l'ignorance ou l'indifférence des artistes a laissé parvenir jusqu'à nous. C'est une palme de plus que j'ai l'orgueil d'attacher à la gloire de Jean Cousin. Voici ce que rapporte Vieil, dans son ouvrage, en parlant de Jean Cousin. « Le temps de la naissance et de la mort de Jean Cousin, le premier modèle des peintres français, nous est absolument inconnu ; on sait seulement qu'il naquit à Souci, près la ville de Sens, et qu'il vivait encore en 1589 dans un âge fort avancé.

« Bon géomètre et grand dessinateur, il fit de la peinture sur verre sa première et sa plus fréquente occupation; il y excella comme inventeur et comme copiste; il abonda en belles pensées comme en nobles expressions; les connaisseurs lui reprochent un reste de ce goût gothique qui l'avait devancé.

« Il serait presque impossible de raconter la grande quantité d'ouvrages qu'il a faits pendant le cours d'une vie longue et laborieuse, principalement sur des vitres qu'il peignit lui-même, ou dont il fournit des cartons dans plusieurs églises de Paris et de la province, pour les nombreux élèves qu'il dut faire dans cet art, qui pour lors était dans la plus grande vogue. Les plus belles de ses vitres sont dans l'église paroissiale de Saint-Gervais à Paris, qu'il paraît avoir entrepris en concurrence avec Robert Pinaigrier. On lui attribue, entre autres, celles du chœur de cette église; il y a peint lui-même le martyre de saint Laurent, l'histoire de la Samaritaine, et, dans une chapelle autour du chœur, à droite, la réception de la reine de Saba par Salomon, ouvrage digne de l'admiration des connaisseurs pour sa belle exécution et la brillante vivacité de son coloris. On lui attribue aussi les belles grisailles du château d'Anet. »

Ces belles peintures, que j'ai obtenues des acquéreurs du château d'Anet, sont exécutées en grisaille claire, de manière qu'elles tempèrent l'ardeur du soleil, sans ôter le jour, et qu'elles produisent l'effet d'un verre dépoli. J'ai placé deux de ces beaux vitraux dans la chapelle sépulcrale où l'on voit le magnifique tombeau de François Ier, dont j'ai donné la description, tome troisième de cet ouvrage, page 59.[1] Ils représentent J. C. prêchant dans le désert, Abraham rendant son fils à Agar, et la bataille gagnée contre les Amalécites par les Israélites sous la conduite de Moïse.

J'ai placé aussi dans la galerie du Musée deux petits vitraux de ce maître, faits dans le même style, qui ornaient les croisées de la sacristie de la chapelle d'Anet, représentant aussi des sujets de piété; le tout est orné d'arabesques dessinées avec la plus grande

---

[1] J'ai réservé le troisième pour orner la chambre sépulcrale de Henri II, parce que Jean Cousin a représenté Diane de Poitiers, pour laquelle il faisait ces tableaux, dans la figure d'Agar.

légéreté, et chargé des inscriptions, composées en vers de ce temps-là, que voici. Sur le premier on lit :

Prie le pere estant la sus au ciel
Et le priant, ferme sur toi la porte
Ainsi auras le pain substanciel
Qui aux humains pain et salut apporte.

Voici ce qui est écrit sur le second :

Il n'y a rien qui mon esprit console
Et qui me reste en tribulation
Que de mes yeux de mon cœur et parole
L'adresse au Dieu de consolation.

Les grands vitraux dont je viens de parler sont également chargés d'inscriptions en vers dans l'ordre qui suit. On lit au bas du premier :

Hélas! Seigneur, qui povés commander
A subvenir seul à notre ignorance,
Enseignés nous ce qu'il faut demander
Quand nous prions la divine puissance.

Au dessous du second est écrit :

Perseverant en devote oraison,
O! Seigneur Dieu, je veulx ravir et prendre
De vos bontés plus qu'humaine raison
Ne peult juger, esperer, ny comprendre.

Et au bas du troisième :

Tendons les mains à ce grand roi de gloire,
Et le prions sans intermission;
Car c'est lui seul qui départ la victoire
Aux combattants, ou la destruction.

« Jean Cousin, continue Le Vieil, a peint aussi les vitres de la Sainte-Chapelle de Vincennes, d'après les dessins de Lucas Penni et Claude Baldouin; (J'ai donné mon opinion plus haut sur cette fausse tradition.) on voit aussi beaucoup de ses ouvrages de peinture sur verre à Moret, et à Sens, entre autres, où il a peint le Jugement Dernier dans l'église de Saint-Romain; il peignit à l'huile ce même sujet, qui l'a fait regarder comme le premier peintre d'histoire en France. »

Ce beau tableau, qu'il avait peint pour les Minimes du bois de Vincennes est conservé aujourd'hui au Musée central des Arts : il a été gravé de la grandeur de ce tableau par Pierre de Jodde, graveur flamand. Suivant le même auteur, il a peint une vitre des Cordeliers de Sens, représentant J. C. figuré par le serpent d'airain, dont on faisait beaucoup de cas, même de son temps. Il parle aussi d'un vitrage qu'il fit pour l'église de Saint-Etienne-du-Mont, en ajoutant que les couleurs de ce tableau s'étaient prodigieusement altérées à la cuisson. *Il s'y trouve beaucoup de parties effacées, par le peu de fusion que la peinture noire a prise au fourneau de recuisson.* L'auteur pense que l'exécution de ce Vitrage a été remise à l'un de ses élèves. On voit encore, dit-il, dans la chapelle du château de Fleurigny, à trois lieues de Sens, un de ses ouvrages, dans lequel il a représenté la sibylle Tiburtine qui montre à Auguste l'enfant Jésus porté dans les bras de la sainte Vierge environnée de lumière, et cet empereur qui l'adore ; le tout peint d'après les cartons du Rosso. Jean Cousin ne posséda pas le seul talent de la peinture, il y joignit celui de la sculpture ; le tombeau de l'amiral Chabot, qui est dans la chapelle d'Orléans, en l'église des RR. PP. Célestins à Paris, est dû à l'art avec lequel il maniait le ciseau, comme à la profondeur et à l'élévation de son génie : enfin on reconnaît dans tous ses ouvrages la bonté de son goût et l'étendue de ses talens. Il a écrit sur la géométrie, sur la perspective, et sur les proportions du corps humain, qu'il a ornés de figures.

Le tombeau de l'amiral Chabot se voit dans le Musée, salle du seizième siècle; j'en ai donné la description ainsi que la gravure dans le tome troisième de cet ouvrage, page 53.

Les vitraux qui ornaient l'église des Minimes de Passy datent du temps de Louis XII.

Le peintre a représenté Anne de Bretagne dans plusieurs de ses tableaux. Plusieurs artistes verriers ont travaillé dans différentes parties de cette maison. Les plus beaux et les plus remarquables de ces vitraux sont ceux qui étaient placés dans l'église; aussi ont-ils été les plus maltraités. Depuis le départ des religieux, les passans se faisaient un plaisir de lancer des pierres dans ces chefs-d'œuvres. Je ne puis leur assigner un auteur; mais correction de dessin, grand style et belle couleur, tout annonce qu'ils ont été exécutés sur les cartons d'un grand maître. Celui dont je donne la gravure dans cet ouvrage représente le mariage de la Vierge; il a probablement été exécuté sur des cartons de la main d'Albert Durer, car ce peintre l'a gravé lui-même en bois. (Voyez ses œuvres.)

Ceux du réfectoire paraissent avoir été exécutés antérieurement à ceux dont je viens de parler : le caractère du dessin et les idées libres que l'auteur s'est permis d'exécuter, tout m'autorise à l'affirmer; aussi ont-ils été plus ménagés.

Le cloître de cette maison était orné de vitraux précieux; il n'en est pas resté le moindre vestige : comme ils étaient placés à hauteur d'homme, les ignorans ont eu peu de fatigue à les briser. Ceux du cloître des Chartreux de Paris ont éprouvé le même sort. Les mutilations commises sur les monumens des arts ont été affreuses. Je citerai pour exemple les destructions exercées avec acharnement dans la ci-devant abbaye de Saint-Denis, que dix siècles avaient enrichie des plus belles productions de l'art. Tout y est ravagé, malgré les sollicitudes de la commission des arts, qui, à plusieurs reprises, y a envoyé des commissaires conservateurs. Pour arracher les grilles, on a brisé sans ressource les marbres précieux du sanctuaire: des balustrades en vert de mer; de grands panneaux en *grand antique*, marbre extrêmement rare; le sarcophage de Dagobert, en lumachelle, a été réduit en petits morceaux. J'ai eu soin d'en réunir les débris, et dans ce moment je le fais restaurer. (Voyez le nº 5.) Plus de trente dalles de marbre noir, de huit pieds et demi, sur cinq pieds de large, ont été réduites en plus de quarante morceaux; des pavés mosaïques, exécutés dans le douzième siècle, ont été arrachés. (Voyez leur description, nº 429.) Ces barbares n'ont-ils pas voulu détruire les vitraux antiques pour en retirer environ six cents livres de plomb, [1] soi-disant pour faire des balles? Enfin, la faux du temps qui toujours travaille, pendant vingt siècles n'aurait pas détruit ce que six mois de barbarie ont perdu. La commission des arts, à qui la postérité devra beaucoup, a heureusement porté sur-le-champ sa main préservatrice sur ces vitraux, les plus anciens que nous connaissons, dont une partie décore la salle du quatorzième siècle de ce Musée. (Voyez la planche intitulée *Vitraux des douzième et treizième siècles*, la chambre sépulcrale d'Héloïse et d'Abélard, etc.) A Montmorency, même dégradation. Le tombeau d'Anne de Montmorency, par Prieur, et les quatre colonnes de brèche verte antique ont été heureusement respectées. Ce beau monument se voit dans le Jardin Elysée de ce Musée, n° 449, et les belles colonnes dont nous parlons, dans la galerie des Antiques au Musée central des Arts.

Sous François Ier beaucoup de châteaux et de temples ont été achevés, et des beautés

---

[1] En 1527, lors du sac de Rome par le connétable de Bourbon, les vitraux peints au Vatican environ quinze ans auparavant, par Claude, peintre sur verre, furent brisés pour faire des balles de mousquet. Ce sont les propres termes de l'auteur de l'*Abecedario Pittorico*, article CLAUDE, page 118.

sans nombre dans leurs vitraux, tels que ceux de Saint-Victor, où se voyait l'histoire de l'Enfant-Prodigue, ceux de Saint-Lazare et autres, peints par Robert Pinaigrier. Ces monumens n'existent plus.

Les vitraux du château d'Ecouen, qui représentent l'histoire de Psyché, exécutés en 1545, en grisaille, d'après les cartons de Raphaël, sont au nombre de trente : j'en ai exposé vingt-deux parties dans les galeries. Les compositions en sont agréables, savantes, et portent un grand style dans le dessin; l'exécution n'en a pas été extrêmement soignée, les couleurs, à la cuisson, se sont trop étendues; ce qui donne de la rondeur au dessin, et le dénue de ses finesses.

Ces morceaux ont aussi souffert des mutilations et des dégradations. Voici un fait : Un vitrier d'Ecouen, voulant les nettoyer, les frotta avec du grès en poudre ; il enleva par ce moyen toutes les demi-teintes, et laissa de grandes parties de verre à nu. Cette peinture, seulement fixée sur le verre, et non y incorporée, n'a pu résister à ce genre de frottement. Il en est de même pour les tableaux précieux qui tombent dans les mains des restaurateurs ignorans.

Les vitraux de la chapelle d'Ecouen, que

j'ai également recueillis, sont beaucoup plus soignés et mieux conservés; les deux panneaux de la sacristie, que j'ai placés dans la salle du seizième siècle, ont été exécutés d'après Primatice : ils représentent la Nativité du Christ et sa Circoncision. Les compositions en sont belles, riches, et les airs de tête fort gracieux. En général, tous ceux que j'ai pu sauver de ce beau château sont de la plus grande correction.

Si j'examine de suite les vitres peintes qui ornaient l'église paroissiale de Saint-Médéric, j'y retrouve tout ce qui concourt à la perfection de la peinture sur verre : belle ordonnance dans les sujets, belles draperies bien jetées, expression noble et savamment sentie, dessin correct, coloris agréable et vigoureux. Ces belles productions de Jacques de Parroy, né à Saint-Pourçain sur Allier, ont souvent excité l'admiration des artistes et des amateurs. Jacques de Parroy, suivant Haudicquier de Blancourt, passait pour le plus habile peintre de son temps. Il a écrit sur son art; son génie le portait naturellement au dessin et à la peinture, dit cet auteur; il s'y appliqua avec affection, et y réussit. De Parroy entreprit le voyage de Rome, et entra dans l'école du célèbre Dominiquin, (Zampieri) dont il fut l'élève pendant plusieurs années. Sous ce grand peintre, il s'attacha particulièrement à l'étude du dessin et à l'art de rendre avec précision les passions de l'ame ; ensuite il passa à Venise pour étudier le coloris. Dès ce moment, il osa voler de ses propres ailes, et laissa dans cette ville plusieurs beaux ouvrages qui lui méritèrent l'approbation des plus habiles artistes. Parroy, couvert de gloire, passa de suite en France, et peignit dans l'église Saint-Médéric, vulgairement Saint-Méry, plusieurs vitraux du premier ordre, parmi lesquels on remarque le Jugement de Suzanne. Admirateur de ce morceau unique, je viens de l'obtenir du respectable curé de cette paroisse, pour compléter la riche collection que je forme dans ce Musée. [1]

Pinaigrier, dont j'ai parlé plus haut, a peint beaucoup de vitraux à Paris : les principaux étaient à Saint-Jacques-la-Boucherie,

---

[1] J'ai déjà annoncé que je ne pouvais donner dans ce volume la totalité des gravures qui doivent composer cette grande et belle collection ; en conséquence, la suite des gravures qui ne se trouvent pas pour le moment dans ce volume, sera l'objet d'une suite particulière que je publierai à part, et que les propriétaires de l'ouvrage pourront intercaler dans le volume : la belle composition de Parroy y sera sans doute remarquée.

à Saint-Etienne-du-Mont, à la Magdeleine et à Sainte-Croix en la Cité; ces derniers, malgré mes observations, ont été détruits. Pinaigrier avait peint aussi plusieurs panneaux de verre pour les églises Saint-Barthélemy et Saint-Méry. L'histoire dit que Lebrun et Mignard allaient admirer à Saint-Médard (je ne sais dans quelle chapelle) d'anciens vitraux, pour la correction de leurs dessins et la pureté de leur style.

Les vitres peintes que l'on voit encore dans l'église Saint-Gervais sont également précieuses; trois artistes fameux y ont laissé de leurs productions : Jean Cousin a peint, en 1587, celles du chœur; les plus remarquables représentent le martyre de saint Laurent, la Samaritaine conversant avec le Christ, et le Paralytique. Un de ces vitraux a été détruit. Les autres sont de Pinaigrier, ci-dessus cité; ils n'ont rien de piquant, et sont encore sur place, ainsi que ceux de Jean Cousin. Pinaigrier a peint dans la cathédrale de Chartres plusieurs vitraux signés de 1527 et de 1530.

Le Sueur fut employé à la décoration d'une des chapelles de l'église Saint-Gervais, où l'on remarquait un tableau représentant le Christ porté au tombeau. (Ce tableau, que j'ai fait restaurer par le citoyen Guilmard, se voit aujourd'hui au Musée Napoléon.) Ce même Le Sueur a fait peindre, sur ses dessins, en 1651, par Perrin, trois panneaux représentant le martyre de saint Gervais, celui de saint Protais, et une fuite en Egypte. (Ces trois morceaux, exécutés en grisaille, ornés d'arabesques de la composition du même auteur, sont également réunis dans ce Musée.)

Les vitraux du temple de Saint-Paul remontent vers 1430. On en voyait un assez curieux, d'un nommé Herron, représentant Adam et Eve; dont l'exécution est un peu gothique. Ceux qui décoraient les charniers de cet édifice, ont été commencés par Robert Pinaigrier, et achevés par ses fils Jean, Nicolas et Louis; par Desaugives ou Percher, Perrier et d'autres, auxquels Vignon le père avait fourni les dessins, tels que ceux que l'on voyait à l'Ave-Maria et dans plusieurs églises de Paris.

Nicolas Pinaigrier avait peint sur verre, en 1600, dans le château de la maison de la Briffe, sept tableaux grisailles, chacun d'environ dix pouces sur six de haut, représentant les Arts. Ces tableaux, magnifiques pour la précision de l'exécution et la finesse du dessin, ont été exécutés d'après les dessins de François Floris ou *Franc-Flore,* né à Anvers en 1520, qui les avait peints à l'huile pour le salon des

Peinture sur verre du XVIème Siècle.

Page 36.

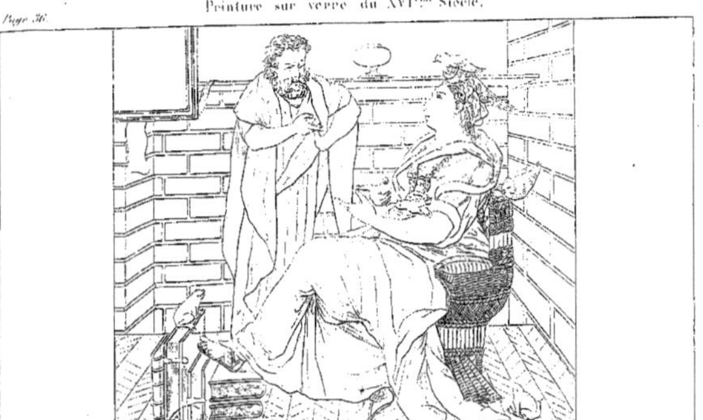

Lassus del. — Guyot sculp.

l'Histoire Naturelle.

Arts de Nicolas Songhelingh. Ils ont été gravés par Corneille Cort. J'ai réuni dans ce Musée six de ces vitraux précieux.

Les vitraux de Saint-Etienne-du-Mont, peints par Robert Pinaigrier, offrent une des plus riches collections qui soient sorties de son pinceau. J'ai exposé aux yeux des amateurs plusieurs pièces de ces belles peintures. (Voyez, dans la galerie du Musée, ceux représentant la Fin du Monde et la Résurrection des Morts.)

Les tableaux qui étaient placés au centre des vitraux du cloître des Feuillans, rue Saint-Honoré, représentent des sujets de la vie de Jean de la Barrière; les plus beaux, au nombre de douze, ont été faits par Benoît Michu, en 1706, sur les dessins de Mathieu Elye, peintre flamand. Les autres sont médiocres, tant pour l'exécution que pour l'invention. Les cadres datent de 1711, et ne sont pas d'une main aussi habile. Tous sont au Musée; ils n'ont éprouvé que de légères mutilations, à l'exception des bordures qui ont été brisées. Le portrait d'Henri IV, qui y était représenté en pied, en habit de cour, a été dérobé. Les vitraux de la chapelle de Versailles sont à peu près du même temps, et font voir la même exécution. En 1740, sous Gabriel, architecte, Desosier, peintre sur verre, exécuta dans le parc de Versailles, sur les vitres du bosquet dit du Dauphin, plusieurs sujets et emblêmes analogues à ce bosquet. En 1726, la rose du temple de Notre-Dame, du côté de l'archevêché, fut construite à neuf, ainsi que ses vitraux. En 1781, on en fit autant à la rose au-dessus de l'orgue. Les deux plus belles que l'on puisse voir pour la variété des couleurs, sont celles de l'abbaye de Saint-Denis; elles étaient émaillées des plus vives couleurs, et parfaitement semblables à celles de la Sainte-Chapelle de Paris, qui datent du même temps.

En 1755, les deux frères, Pierre et Jean Le Vieil, peintres en verre et vitriers de Paris, ont refait dans Notre-Dame les vitraux ornés de peintures qui sont du côté du midi.

De la pratique de la Peinture sur Verre.

Si l'on voulait à présent exécuter des vitraux comme on en faisait autrefois, on y parviendrait très-aisément, car les substances dont on se sert pour peindre l'émail sont absolument les mêmes, à l'exception cependant que les teintes doivent être plus fortes; que toujours, dans les endroits ombrés, on est obligé de peindre le verre des deux côtés, tels que pour les barbes, les cheveux et les draperies foncées, ainsi qu'on sera à même de le vérifier sur les vitraux que j'ai mis en évidence dans le Musée que je dirige.

Voici la manière d'exécuter de grands ouvrages de peinture sur verre.

On commence par tracer le dessin général sur des cartons assemblés, de la même grandeur que doit être le tableau; ensuite on partage les cartons en autant de parties qu'il doit y avoir de pièces de verre, et on leur donne précisément la même forme. On met sur chaque pièce de carton un numéro que l'on répète sur le verre. On applique la pièce de verre blanc, si c'est pour des carnations, ou coloriée, si c'est pour des vêtemens, sur la partie du dessin que l'on veut représenter; puis on trace avec le pinceau les contours et les ombres qu'on apperçoit à travers le verre. Le tout étant terminé, on le passe au four, pour que le feu, en les faisant rougir, parfonde les couleurs et les rende inaltérables à toute espèce d'agent.

Les matières qui entrent ordinairement pour colorier les grands carreaux de verre, et qu'on jette dans leurs creusets avant de les en retirer, sont toutes tirées du règne métallique.

Le cobalt sert pour le bleu.

Les différentes nuances de rouge, de brun, de brun-marron, se font avec des chaux de fer portées à différens degrés.

Le brun-rouge se fait aussi avec de la chaux de cuivre, obtenue lorsque les chaudronniers, pour des travaux quelconques, plongent des barres de cuivre rouge dans l'eau.

Le vert s'obtient aussi du cuivre dissous par des acides végétaux, ou dissous par d'autres acides, mais précipités par de l'alcali fixe.

Les verres de couleur pourpre se font avec de la chaux d'or. Un grain d'or colore vivement quatre cents parties de verre.

Les chaux d'argent sont aussi teignantes, et donnent le jaune, qui se fait aussi avec de la chaux de plomb unie à de l'antimoine.

Le violet s'obtient d'une substance minérale appelée manganèse.

Les verres ainsi préparés reçoivent de l'artiste le dessin des cartons, les ombres, les demi-teintes, puis on repasse le tout au feu. [1]

L'emploi de l'émail dans la peinture sur verre, ainsi que l'art de creuser le verre par le moyen de l'émeri, pour former des

---

[1] Le citoyen Ledru fils, chimiste distingué, a obtenu d'après cette pratique des résultats très-satisfaisans.

dessins variés et d'une autre couleur dans une seule pièce de verre, sont dus au génie de Jean de Bruges, peintre et chimiste habile, inventeur de la peinture à l'huile. [1] Voici ce que dit à ce sujet Le Vieil dans son ouvrage sur la peinture sur verre. « Jean de Bruges joignait à l'art de peindre un goût décidé pour les sciences, et en particulier pour la chimie; inventeur de la peinture à l'huile, il avait su la substituer à l'eau d'œuf ou à la colle. On assure qu'il trouva aussi le secret de diminuer, dans la peinture sur verre, la dépense qu'entraînait l'emploi du verre coloré, fondu tel dans toute sa masse, par l'invention des émaux ou couleurs métalliques vitrifiables ; il les broyait et délayait à l'eau de gomme, et les couchait, de l'épaisseur d'une ou deux feuilles de papier, sur la face d'une table de verre blanc : elles étaient propres à se parfondre par la recuisson au fourneau, après laquelle cette surface paraissait aussi lisse et aussi transparente

---

[1] Jean de Bruges par son grand talent dans la peinture, son savoir et les qualités de son esprit, mérita l'estime particulière de Philippe-le-Bon, duc de Bourgogne, qui le combla de biens et l'admit dans son conseil privé. Bonaparte a rendu les mêmes honneurs au célèbre Vien, en le nommant membre du Sénat Conservateur.

que dans les verres de toutes couleurs, fondus tels aux verreries dans toute leur masse. Ces tables de verre ainsi colorées, fournirent à notre art des moyens inconnus jusqu'alors d'en enrichir et d'en hâter l'exécution. Les draperies des figures devinrent plus riches, lorsqu'on s'avisa de graver tous les ornemens nécessaires avec l'émeri et l'eau, qui rongeait la couleur et découvrait le fond blanc du verre. On formait une broderie par le moyen d'une nouvelle couverte d'or ou d'argent qu'on y appliquait suivant le coloris arrêté sur les cartons, composée elle-même de ces nouveaux émaux. » (Voyez dans le Musée, salle du quatorzième siècle, les bordures du vêtement de sainte Véronique, dans un vitrail représentant J.C. portant sa croix, nº 16.) « Alors les fleurs de lis de l'écu de France, réduites à trois par Charles V, qui étaient insérées et encastrées avec le plomb dans un carreau de verre bleu, fondu tel dans toute sa masse, percé à l'endroit des fleurs de lis, et rempli de ces trois fleurs de lis, de verre jaune, avec autant de soin et de risque que de perte de temps; ces trois fleurs de lis, dis-je, se montrèrent par ce nouveau procédé sur un champ d'azur d'un seul morceau, sur la surface duquel elles furent creusées et recouvertes d'un émail de couleur d'or sur le revers du fond blanc que l'émeri avait découvert. » (Voyez l'écusson qui se trouve au bas du même vitrail dont je viens de parler : le jaune et le blanc sont introduits dans le bleu, comme dans la bordure de sainte Véronique on voit le jaune et le blanc dans un fond rouge.)

« Dans d'autres écussons, les plus chargés de pièces de blason, dont l'assemblage avait auparavant employé un temps considérable, à cause de la multiplicité des pièces de rapport qui entraient dans leur exécution, les différens *quartiers* se développèrent sur autant de morceaux de verre de la couleur de leurs *champs* : on y grava les pièces caractéristiques du blason, on les recouvrit des émaux qui leur convenaient, couchés, comme nous l'avons dit, sur le revers de la gravure où l'on avait découvert le blanc du verre, de peur qu'à la recuisson qu'il fallait en faire les couleurs ne vinssent à se mêler et à se confondre. » (Voyez, dans la galerie du Musée, un vitrail représentant des arabesques dans le milieu desquelles se trouvent les armes de la maison de Montmorency de Milan, etc.)

Noms des artistes français qui se sont distingués, pendant les seizième, dix-septième et dix-huitième siècles, dans l'art de peindre sur verre.

Les noms des peintres verriers qui se sont exercés dans cet art pendant les treizième, quatorzième et quinzième siècles, ne nous sont point parvenus; on sait seulement que Charles V et son successeur Charles VI accordèrent des priviléges à plusieurs peintres verriers qui avaient travaillé à la décoration des édifices publics : on cite, entre autres, Henri MELLEIN de Bourges, qui en reçut, en 1430, de la main de Charles VII. Les auteurs qui ont traité cette matière avancent que l'on voyait, dans l'église Saint-Paul à Paris, un portrait en pied de la Pucelle d'Orléans, qui était daté de 1436; cependant je n'ai jamais vu ce morceau précieux, qui, je pense, aura été détruit lors des troubles qui eurent lieu dans cette église vers 1588, à la suite desquels les tombeaux de Quélus et Saint-Mégrin, qui avaient été érigés dix ans auparavant par ordre de Henri III, furent entièrement brisés,[1] car la majeure

---

[1] Voyez, dans le troisième volume de cet ouvrage, la description de ces monumens, nº 456 bis, page 96.

partie des vitraux qui ornaient cette paroisse avait été refaite dans le seizième siècle.

Maître Claude et frère Guillaume de Marseille ont peint des vitres au Vatican, sous les ordres de Jules II.

Arnaud Desmoles a peint les vitres de la cathédrale d'Auch; on ignore le lieu de sa naissance et l'époque de sa mort.

Robert Pinaigrier travaillait en concurrence avec Jean Cousin; on voit, dans l'église Saint-Hilaire à Chartres, de superbes vitres peintes par Pinaigrier, datées de 1527 et 1530. A Paris, on connaît les vitres de Saint-Étienne-du-Mont, dont nous avons de beaux échantillons dans ce Musée; dans l'église de Saint-Gervais, on voit l'histoire du Paralytique à la Piscine, celle de Lazare, etc., dont j'ai parlé plus haut; à Saint-Victor, chapelle Saint-Clair, on voyait aussi de belles vitres peintes de sa main, d'après Albert Durer et Vignon.

Anguerand ou Angrand le Prince, né à Beauvais, y mourut en 1530, dans un âge avancé. Très-habile peintre sur verre, il a laissé de ses ouvrages dans la majeure partie des églises de cette ville. On estime particulièrement ce qu'il fit pour l'église de Saint-Étienne.

Anguerand le Prince avait pour gendre un sculpteur très-habile, qui florissait en 1520, connu sous le nom de Jean LE POT, de Beauvais.[1]

Valentin BOUCH, né à Metz, suivant le testament de cet artiste, daté du 25 mars 1541, a peint les vitres de la cathédrale de Metz : suivant le même testament, Valentin Bouch peignait aussi à l'huile, puisqu'il annonce léguer à la même église *un sien tableau de Notre-Dame, fait à l'huile, etc.*

Germain MICHEL, d'Auxerre, a peint, en 1528, les vitres de la cathédrale d'Auxerre. Dans une autre charte, du mois d'avril 1575, il est fait mention qu'un Guillaume COMMONASSE a travaillé dans la même église aux vitres du côté de la cité.

D. MONORI, prieur de l'abbaye de Cerfroy, a peint aussi sur verre les belles vitres du réfectoire des Bernardins de l'abbaye de Cerfroy dans le Soissonnais; elles sont signées de sa main, et datées de 1529.

Nicolas LE POT a peint, en 1540, les vitres de Beauvais. Il se fit une grande réputation par l'exécution d'un tableau sur verre représentant la Tentation de saint Antoine.

Simon MEHESTRE, DE LA RUE, père et fils, Martin HUBERT, Gilles et Michel DUBOSC frères,

---

[1] Cette note est tirée d'un manuscrit conservé dans les archives de cette ville.

tous nés dans la province de Normandie, reçurent des priviléges du roi Henri II, en qualité de peintres verriers.

Pierre Eudier, de Caen, reçut les mêmes faveurs. Philippe Bacot, de Fécamp, Laurent Lucas et Robert Hérusse, de Boissi, jouirent des mêmes avantages. En 1555, Henri II accorda de pareils priviléges à René et Remi le Ragonbauld, père et fils, demeurant à Anet.

Jean Cousin a peint les vitres de Vincennes et celles du château d'Anet, que l'on voit dans ce Musée, ainsi que celles de Saint-Gervais, comme je l'ai déjà dit. (Voyez l'article de ce peintre, page 21.) Dans la chapelle du château de Fleurigny, à trois lieues de Sens, sa patrie, il a peint, d'après le Rosso, la sibylle de Tiburtine.

Claude Henriet et Israël, son fils, ont peint les vitres de la cathédrale de Châlons en Champagne. On croit que certaines vitres de l'église Saint-Étienne-du-Mont sont de sa main.

Les talens de Monnier, de Blois, sont aussi très-rémarquables.

Heron, peintre verrier célèbre, avait peint, à Saint-André-des-Arcs à Paris, un vitrage fort curieux, qu'il m'a été impossible d'obtenir de l'acquéreur de l'édifice. Il représentait la désobéissance d'Adam et Eve; le tout enrichi de figures analogues au sujet, de la plus grande élégance pour le dessin, et de la blus belle exécution.

Bernard PALISSY, dont j'ai déjà eu occasion de parler dans cet ouvrage, passait pour être très-habile peintre sur verre.

Jean DE CONNET, autre peintre sur verre, dont on a peu d'ouvrages, par une cause qui tenait à sa construction physique, à ce que rapporte Bernard Palissy, son contemporain : « Jean de Connet, dit-il, parce qu'il avait l'haleine punaise, toute la peinture qu'il faisait sur le verre ne pouvait tenir aucunement, combien qu'il fût savant en cet art. »

GONTIER, LINARD, MADRIN et COCHIN, peintres verriers, ont laissé à Troyes en Champagne, et dans ses environs, des peintures magnifiques. Voici l'extrait d'une lettre écrite, en 1759, à M. Cochin, de l'Académie de Peinture, descendant du peintre dont je parle : « Je me fais un vrai plaisir, Monsieur, de vous informer qu'il y a dans notre ville de très-belles vitres du seizième siècle, peintes par les célèbres frères Gontier. On les voit à la cathédrale, à la collégiale, à Saint-Martin-ès-Vignes, à Moutier-la-Celle, à l'Arquebuse. Elles méritent l'attention des connaisseurs, et surprennent même l'admiration de ceux qui ne le sont pas. » Moréri parle aussi avec beaucoup de distinction de Jean et Léonard GONTIER, qu'il croit originaires de Troyes : « On remarque, continue cet auteur, dans la chapelle de la paroisse Saint-Etienne, un morceau extrêmement beau que Léonard peignit à l'âge de 18 ans; ce qui lui fit une grande réputation. »

On voit dans le chœur de l'église Saint-Médéric des vitres peintes par Jacques DE PARROY, CHAMU et Jean NOGARE; elles représentent la vie de saint Pierre, celles de saint Joseph, de saint Jean-Baptiste et de saint François d'Assise. Jacques de Parroy a écrit sur son art; on croit que cet ouvrage, dont parlent plusieurs auteurs, est resté manuscrit, puisqu'il ne se trouve dans aucune bibliothèque. Jean Nogare, son élève, exécuta pour la même église des vitres peintes qui furent admirées. Les principales pièces de ces beaux morceaux ont été détruites par les ravages du temps.

Les vitres des charniers de l'église Saint-Paul, à Paris, ont été peintes d'après les cartons de VIGNON, par Robert, Nicolas, Jean et Louis PINAIGRIER; Nicolas LE VASSEUR; Jean MONNIER; François PERRIER; Nicolas DESAUGIVES, et François PORCHER, tous contemporains. Nicolas Pinaigrier a peint, en 1600, les six petits tableaux grisailles représentant les Arts, que j'ai achetés pour le Musée à madame La Briffe. On croit que les mêmes artistes se sont réunis pour peindre ceux des charniers de Saint-Étienne-du-Mont.

Pierre MATHIEU, de Paris, élève de Chamu, s'est également distingué dans l'art de peindre sur verre ; il quitta Paris pour travailler à Poëlemburg et à Utrecht, où il laissa des ouvrages magnifiques.

Pierre TACHERON et Charles MINOUFLET ont peint, en 1622, les vitres de l'Arquebuse de Soissons. Charles Minouflet a peint aussi les vitres de la rose de Saint-Nicaise de Reims.

PERRIN exécuta pour Saint-Gervais des vitres en grisailles, d'après les dessins d'Eustache Le Sueur. Ces chefs-d'œuvres sont dans ce Musée, salle du dix-septième siècle.

Guillaume LE VIEIL, né à Rouen, en 1640, a peint, dans plusieurs églises de cette ville, des vitres que l'on admirait ; il passa ensuite à Orléans : il y peignit notamment celles de l'église Sainte-Croix. Il revint à Rouen, et y mourut en 1708.

Maurice MAGET et Antoine GOBLET, religieux Récollets à Paris, peignirent aussi sur verre, et s'acquirent de la réputation. Frère Antoine

Goblet, né à Dinant, mourut en 1721, et frère Maurice Maget, né à Paris, mourut à Nevers en 1709. Ils ont laissé sur la pratique de cet art un manuscrit dans lequel il est mention d'un nommé BERNIER, peintre sur verre, qui vivait de leur temps.

LE CLERC, père et fils, peintres verriers, furent employés à la décoration des croisées de l'église Saint-Sulpice à Paris, et à la chapelle du Collége Mazarin.

Benoît MICHU, que l'on croit né à Paris, était fils et élève d'un peintre verrier flamand; aussi remarque-t-on dans ses productions un ton de couleur vigoureux, et une grande intelligence du clair-obscur. (Voyez, dans ce Musée, les tableaux qu'il avait exécutés, pour le cloître des Feuillans, d'après les dessins de Mathieu Elias.) SEMPI fut employé à terminer ce cloître; mais on remarque aisément que la touche de Michu est plus vigoureuse et plus savante. Michu, conjointement avec Sempi, fut employé à décorer les croisées de la chapelle du château de Versailles, et celles des Invalides à Paris; ces dernières ont été supprimées vers la fin du siècle dernier, et je n'ai aucun souvenir de les avoir vues.

Guillaume LE VIEIL, né à Rouen, était fils et élève de Guillaume Le Vieil, dont j'ai parlé plus haut; il apprit à dessiner dans l'école de Jean Jouvenet. Il a peint à Rouen les vitres de l'abbaye de Saint-Ouen; à Paris, celles de l'église des Blancs-Manteaux, etc. Il eut un fils nommé Louis, qui peignit aussi avec succès.

Simon, de Nantes, peintre verrier, fut employé par Guillaume Le Vieil pour suivre ses travaux.

Langlois, né à Paris, aussi élève de Le Vieil, fut très-peu employé par lui-même, et par cela même est très-peu connu.

Huvé, neveu et élève de Michu, ne fut pas aussi habile que son oncle; mais il eut une élève distinguée dans mademoiselle de Montigny, qui, sans une mort prématurée, aurait atteint le dernier degré de perfection.

Jean-François Dor, peintre verrier très-distingué, a peint, en 1717 et 1718, la vie de la Vierge et celle de sainte Thérèse, dans le cloître des Garmes-Déchaussés à Paris. Dor laissa un fils, qui s'adonna plus à la restauration des vitraux qu'à leur exécution; c'est au successeur [1] de ce même Dor que j'ai confié la restauration des beaux vitraux renfermés dans ce Musée, et qui s'en acquitte avec succès,

[1] Son nom est Tailleur; il demeure rue de Seine; et a épousé, en secondes noces, la veuve du dernier Dor.

comme on peut en juger en les examinant.

Pierre Regnier, religieux Bénédictin de la congrégation de Saint-Maur, a peint pour plusieurs abbayes de son ordre des morceaux très-estimés ; c'est le dernier peintre verrier connu.

Dès le septième siècle, les Français fournirent aux étrangers des peintres verriers, pour orner leurs habitations de vitres colorées. Le mauvais goût de dessin qui régnait alors, et l'ignorance absolue des belles formes de la nature, joints à l'extrême difficulté que la superstition opposait continuellement à l'étude des arts dépendans du dessin, arrêtèrent nécessairement les progrès de nos premiers peintres verriers. Peu instruits et mauvais dessinateurs, ils n'employèrent leurs belles couleurs que pour remplir de pitoyables contours tracés en grisaille, et dénués de formes, pour en former des sujets plus pitoyables encore, comme on peut en juger si l'on jette un coup d'œil sur les vitraux qui décorent, dans ce Musée, la salle du treizième siècle. Ce ne fut donc que dans les quatorzième, quinzième et seizième siècles, comme dans les autres arts dépendans du dessin, que la peinture sur verre prit des formes raisonnées, et qu'elle commença à réunir avec succès la science du chimiste à l'art du dessinateur; elle prit une si grande prépondérance dans nos contrées sur la peinture à l'huile, que nos voisins cherchèrent à rivaliser avec nous.

Les Hollandais, les Allemands et les Flamands qui connaissaient déjà l'art de colorer le verre, élevèrent des écoles qui fournirent en très-peu de temps des artistes verriers en état de se mesurer avec nos plus habiles peintres. Ce nouveau genre de décoration plut à un tel point, que les peintres sur verre furent employés, non seulement dans les palais et dans les temples, mais encore dans les habitations particulières, et chaque propriétaire voulut que les vitres de sa maison fussent ornées de peintures : la Hollande et l'Allemagne nous en montrent encore des exemples. Il est inutile de rappeler ici les services importans que ces deux nations ont rendus aux sciences et aux arts; il nous suffira, dans cette circonstance, de citer les noms des principaux artistes verriers qui s'y sont distingués à plusieurs époques, et d'indiquer les chefs-d'œuvres qui ornent leurs villes.

Jacques L'ALLEMAND, né à Ulm, en 1411, est le premier peintre verrier connu dans l'école allemande.

David Jorisz, né à Gand, suivant Moréri, fut un excellent peintre sur verre; mais il avait une imagination si exaltée qu'il avait la folie de se faire passer pour le vrai Messie, et prêchait publiquement une nouvelle doctrine : après avoir causé quelques troubles, par un certain nombre de partisans qu'il s'était faits, il fut obligé de s'enfuir; il passa à Bâle, sous le nom de Jean Van Broek, où il mourut en 1556. Ce peintre fanatique a très-peu produit. On a de lui des dessins très-estimés.

Lucas, de Leyden, né en 1494, aussi bon peintre que graveur habile, passe pour avoir fait à Leyden de très-belles peintures sur verre; ce grand artiste mourut à trente-neuf ans.

Aert Claessoon, né à Leyden en 1498, s'acquit une grande réputation par son extrême facilité à composer; non seulement il pratiquait lui-même la peinture sur verre, mais il faisait aussi la plupart des dessins pour les autres peintres verriers de son temps.

Liévin, de Witte, a peint, à Gand, les vitres de l'église Saint-Jean; il excellait dans l'architecture et dans la perspective.

Charles, d'Ypres, passe pour avoir fait les dessins des vitres qui ornent les églises de Gand.

Jacques DE VRIENDT, frère du fameux Franc Floris, surnommé le Raphaël des Flamands, a peint pour l'église cathédrale d'Anvers la Nativité de Christ, et pour l'église de Sainte-Gudule, à Bruxelles, un Jugement dernier, que l'on considère comme deux chefs-d'œuvres. Vers le même temps parut à Gand ROGIERS, peintre hollandais, qui peignit dans la même église les quatre principales vitres de la chapelle du Saint-Sacrement, qui lui furent commandées par Jean III, roi de Portugal; Marie, reine de Hongrie; François Ier, roi de France, et Ferdinand, frère de l'empereur Charles-Quint. Ces vitres sont de beaucoup supérieures à celles de Jacques de Vriendt.

Les vitres peintes de Saint-Jean de Gouda sont très-célèbres; DIRCK et WOUTER CRABBETTIE, frères, peintres hollandais du premier ordre, s'y distinguèrent d'une manière remarquable; une explication détaillée et particulière de ces vitres, dont le nombre se monte à quarante-quatre, plus belles les unes que les autres, fut imprimée à Gouda par ordre du gouvernement. Cette description fait mention d'un autre peintre célèbre, nommé DIRK VAN ZYL, né à Utrecht, qui peignit dans la même église cinq vitres d'après les dessins de Lambert

Van Noord Van Amersfoort, grand dessinateur.

La Hollande compte encore un très-habile peintre sur verre parmi ceux que je viens de citer : Jean Van Kuyck, brûlé vif le 28 mars 1572, pour cause de religion ; avant de mourir il peignit un Jugement de Salomon qui excita l'admiration générale.

Marc Willems, né à Malines en 1527, se fit une grande réputation dans cette ville par l'extrême facilité qu'il mettait à composer des dessins pour tous les genres de travaux ; il fit un grand nombre de cartons pour des vitraux et des tapisseries que l'on admire encore aujourd'hui.

Marc Guerards, né à Bruges, peignait l'histoire, l'architecture, le paysage, et gravait à l'eau-forte ; il fournit beaucoup de dessins coloriés, ou *enluminés*, suivant M. Descamps, pour les peintres verriers de son temps. Il paraît certain qu'il ne pratiquait pas la peinture sur verre, mais qu'il faisait exécuter des vitraux sous ses yeux. Ce trait de l'auteur nous fait pressentir qu'outre les dessinateurs peintres verriers qui pratiquaient cet art par eux-mêmes, il y avait aussi des manufactures de vitraux où l'on employait des ouvriers qui exécutaient fort bien les dessins des autres, et qui ne pouvaient rien faire de leur invention et sans un patron ou modèle.

Suivant M. Descamps, les chroniques de Gouda, les descriptions de Harlem et de Delft, font mention de deux peintres sur verre très-célèbres, Willem THIBOUT et Cornelis Isbrantsz KUFFENS, qui s'associèrent, et qui furent aussi employés à l'exécution des vitres de Gouda. Il cite notamment un superbe vitrage représentant la Prise de Damiette, en 1219, par Guillaume, fils de Florent de Harlem, qui marcha à la tête des seigneurs croisés, sous l'empire de Frédéric Ier. Thibout peignit ce vitrage par ordre des bourgmestres de Harlem. Cornelis Kuffens en fit un autre par ordre des bourgmestres d'Amsterdam, qui en firent présent à l'église. Ces morceaux précieux, extrêmement admirés des connaisseurs, se gravent dans ce moment en grand format. Ces deux artistes, amis, peignirent sur les vitres de la grande église de Leyde, tous les portraits en pied des comtes de Hollande. Thibout mourut en 1599, Cornelis Kuffens en 1618. Laurent Van COOL peignit, vers le même temps, sur les vitres de la chapelle du conseil de Delft les portraits en pied de plusieurs personnages célèbres qu'il a représentés armés de pied en cap. Cette précieuse collection a été gravée en France sous le nom de Laurent le vitrier.

Henri GOLTZIUS, né en février 1558, dans le bourg de Mulbrach en Allemagne, s'acquit une très-grande réputation dans l'art de peindre sur verre. Il eut pour élève son fils, Jacques Mathan DE GHEYN, et Pierre DE JODE, d'Anvers. Goltzius entreprit la gravure; il y devint très-habile, et fit d'excellens graveurs de ses élèves. Il mourut à Harlem en 1617. Jacques de Gheyn, né à Anvers en 1565, dont nous venons de parler, peignait non seulement sur verre, mais encore à la gouache, en détrempe et à l'huile. Jacques, son fils, après la mort de son père, quitta la peinture sur verre pour s'adonner entièrement à la gravure, qu'il préférait, et qu'il avait étudiée sous son père.

Jacques LENARDS, d'Amsterdam, peintre verrier, est cité pour l'art de peindre et de dessiner le nu; il était élève de Guérards PIETERZ et de Cornelis CORNELISSEN. En 1566, des opinions religieuses ou politiques firent supprimer, dans l'église Saint-Jean de Gouda, plusieurs vitres peintes qui représentaient des sujets qui contrariaient les nouvelles opinions du gouvernement. Ces peintures anciennes furent remplacées par d'autres plus convenables à la position de la Hollande; elles furent exécutées, sur les dessins de Joachim VYTENWAËL, par Adrien de VRYE.

Van DYCK, père du célèbre Antoine Van DYCK, si connu dans les arts, habitait Bois-le-Duc, où il exerçait avec distinction la peinture sur verre. Claës JANSE, Cornelis CLOCK, Abraham Van DIEPENBEKE, et Gérard HOËT, peintres hollandais, florissaient dans le siècle dernier. Nous ne finirions pas, si nous voulions donner une nomenclature exacte des peintres hollandais, flamands et allemands qui se sont distingués dans l'art de peindre sur verre, et dont l'histoire s'est plu à tracer les noms dans ses volumes; nous nous arrêterons à cette courte analyse, et nous nous appliquerons ce passage de Boileau :

> Tout ce qu'on dit de trop est fade et rebutant,
> L'esprit rassasié le rejette à l'instant.
>
> (*Art Poétique, ch. I*[er]*.*)

DESCRIPTION

DES

VITRAUX EXPOSÉS DANS CE MUSÉE.

SALLES DES XIIIe ET XIVe SIÈCLES.

Les vitraux qui ornent les croisées de la salle du treizième siècle nous montrent parfaitement l'origine de la peinture sur verre : les couleurs en sont vives, mais distribuées sans goût; l'ordonnance des sujets qu'ils représentent est bizarre, et le dessin excessivement mauvais; les costumes cependant sont exacts. La fabrication de ces tableaux est fort simple, et ressemble assez à celle des peintures monochromates, c'est-à-dire, qu'elle est plate et sans effet; le trait est formé sur un fond uni, accompagné seulement de quelques hachures, pour donner un peu de relief au sujet. Ces vitraux cependant prennent un caractère d'intérêt dans ce Musée, puisqu'ils nous montrent le premier échelon de cet art, que nous allons suivre chronologiquement. Ils ont été exécutés en 1230 environ, par les ordres de Louis IX, pour le réfectoire de l'abbaye Saint-Germaindes-Prés, qu'il avait fait bâtir par Pierre Montreau, son architecte particulier. (Voyez, dans cet ouvrage, tome premier, pages 35 et 193.)

La croisée placée à la droite de cette salle est divisée en trois sujets : dans le haut on voit la reine Blanche debout, tenant une coupe, et faisant préparer le breuvage qu'elle doit contenir ; plus bas, on voit deux religieux venant visiter le chef de leur ordre ; le dernier représente Louis IX assis sur son trône, donnant audience à un guerrier qui est suivi d'un évêque.

La croisée suivante, placée dans le milieu de la salle, est également divisée en trois sujets : elle nous fait voir, dans le haut, la reine sortant de son palais, et donnant des ordres pour la distribution de ses aumônes ; on voit, dans les deux sujets du bas, des pauvres, des estropiés, et des malheureux qui reçoivent les bienfaits de la reine.

On voit, dans la troisième croisée, placée à gauche, la prise d'un fort, divisée en deux sujets, et au-dessous deux religieux représentés debout, et portant chacun un livre.

Les six croisées qui décorent la salle du quatorzième siècle montrent des progrès sensibles dans l'art de peindre sur verre : déjà les traits sont plus nets, et les sujets moins

Page 63. Peinture sur verre du XIII.eme Siècle.

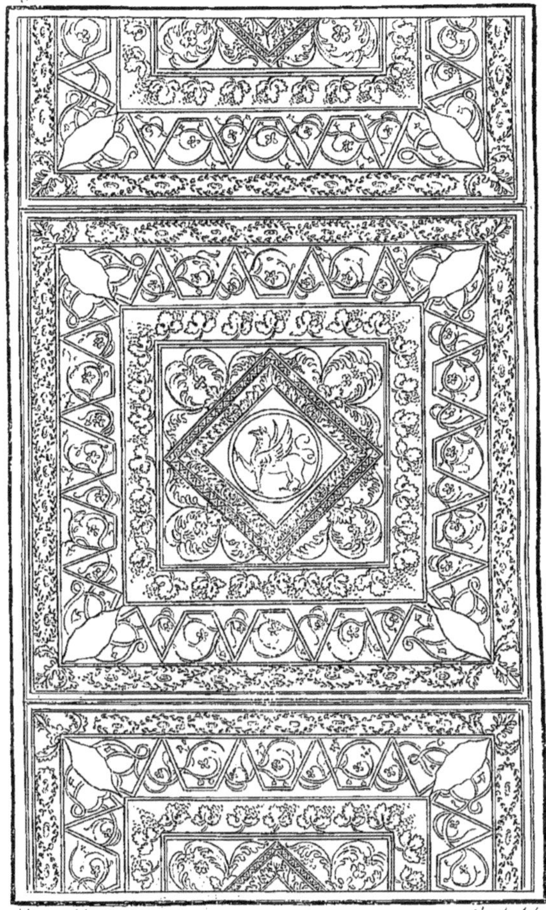

Percier del. Guyot sculp.

Arabesques de l'Abbaye de S.t Denis.

confus. Le premier vitrail, placé à la droite de la salle, date de la fin du treizième siècle ; les tableaux qui le composent, au nombre de six sujets pris dans le Martyrologe et le Nouveau Testament, présentent encore de la confusion ; leur exécution diffère peu de ceux dont je viens de parler. Je l'ai placé dans cette salle pour faciliter aux artistes et aux amateurs la comparaison d'une pièce de la fin du treizième siècle avec celle faite dans le commencement de celui-ci, et suivre ainsi le chaînon chronologique.

La croisée du milieu représente un grand dessin arabesque, peint de plusieurs couleurs, divisé en six parties parfaitement semblables, au milieu desquelles on voit un griffon assez bien rendu, ainsi que l'on peut en juger dans la gravure.

Dans le troisième vitrail, on voit le Père Éternel assis sur l'arbre de vie, répété plusieurs fois dans la même attitude ; et, dans le bas, on voit deux sujets, de forme ronde, représentant, d'un côté, la Trinité, et de l'autre Dieu le Père environné des sept planètes, et ayant à ses côtés son fils et la Vierge.

Les trois autres croisées qui décorent la salle du quatorzième siècle, sont aussi ornées de sujets de dévotion : ce qu'il y a de plus remarquable dans les tableaux dont je parle, ce sont leurs couronnemens de formes ogives, remplies de verres qui présentent l'éclat le plus vif; ces ogives, remplies de verres excessivement variés par leurs formes, et divisés soit en rond, en ovale ou en lozange, présentent à l'œil l'effet le plus piquant; elles ressemblent, par l'exacte symétrie qui compose leur ensemble, à une mosaïque brillante, ou à un parterre émaillé des plus belles fleurs.

Ces belles croisées, que j'ai fait restaurer et remonter à neuf, ornaient l'abbaye de Saint-Denis. L'abbé Suger mit la plus grande somptuosité dans la décoration de son église; et si l'on consulte l'histoire latine et manuscrite de son gouvernement, on y trouvera au long le détail des dépenses qu'il fit pour l'abbaye de Saint-Denis, et la recherche qu'il mit pour l'exécution des vitraux dont nous parlons. Il y est dit [1] « qu'il avait recherché avec beaucoup de soin des faiseurs de vitres et des compositeurs de verre de matières très-exquises, à savoir, de saphirs en très-grande abondance, qu'ils ont pulvérisés et fondus

[1] Je rapporte ici la traduction du passage concernant les vitraux, qui a été faite par D. Doublet, religieux de la même abbaye.

parmi le verre, pour lui donner la couleur d'azur; ce qui le ravissait véritablement en admiration : qu'il avait fait venir, à cet effet, des nations étrangères les plus subtils et les plus exquis maîtres, pour en faire les vitres peintes depuis la chapelle de la Sainte-Vierge, dans le chevet, jusqu'à celles qui sont au-dessus de la principale porte d'entrée de l'église. Que la dévotion, lorsqu'il faisait faire ces vitres, était si grande, tant des grands que des petits, qu'il trouvait l'argent en telle abondance dans les troncs, qu'il y en avait quasi assez pour payer les ouvriers au bout de chaque semaine. Il ajoute qu'il avait établi à la tête de cet ouvrage un maître de l'art très-expert, et des religieux pour avoir l'œil sur la besogne, prendre garde sur les ouvriers, et leur fournir en temps et saison tout ce qui leur était nécessaire; lesquelles vitres lui ont beaucoup coûté, pour l'excellence et rareté des matières dont elles sont composées. » *Undè quia magni constant magnifico opere sumptuque profuso vitri vestiti et saphirorum materiæ, tuitioni et refectioni earum ministerialem magistrum.... constituimus, qui.... etiam admirandarum vitrearum operarios et materiam saphirorum locupletem administrabit.*

Nous sommes loin de croire que Suger n'a pas donné les saphirs dont il parle ici; mais nous pensons que, dans cette circonstance, il a été la dupe des ouvriers qui ont travaillé aux vitraux qu'il a fait faire pour clorre les croisées de l'abbaye de Saint-Denis, 1° parce que le saphir n'est point fusible au feu; 2° parce qu'il ne peut entrer dans la composition du verre, et que, dans le cas où il aurait cette propriété, il ne conserverait pas sa couleur, et pourrait encore moins la communiquer. Nous en appelons à nos célèbres chimistes pour confirmer notre opinion sur ce que vient d'avancer l'abbé Suger lui-même; et nous n'avons cité le passage de son mémoire, que pour démentir un fait qui pourrait se répéter, et servir la cupidité des peintres verriers qui voudraient en abuser. [1]

---

[1] J'ai également recueilli de l'église de Saint-Denis plusieurs vitraux faits du temps de Suger, notamment ceux de l'ancienne chapelle de la Vierge, située dans le chevet de l'église. Dans un des vitraux, ce digne abbé est représenté comme couché, ayant sa crosse auprès de lui, et au-dessous cette inscription, peinte aussi sur verre : *Sugerius Abbas*. C'est un hommage que les verriers devaient à Suger, en reconnaissance des saphirs qu'ils avaient reçus de lui.

SALLE DU XVe SIÈCLE.

Ce fut à cette époque que l'on commença à introduire l'art du clair-obscur dans les peintures sur verre. Les peintres verriers s'appliquèrent à exécuter leurs tableaux d'après les cartons des grands maîtres, et ils parvinrent par un travail raisonné à produire des chefs-d'œuvres. On ne sera pas étonné, cependant, de retrouver dans cette salle des sujets qui se ressentent encore du mauvais goût du siècle précédent. Les productions des arts qui paraissent dans le commencement de chaque siècle se ressentent toujours de l'état de perfection ou de barbarie dans lequel le siècle précédent les a laissées. Les arts dépendans du dessin éprouvent nécessairement plusieurs révolutions dans le cours d'un siècle, suivant les influences plus ou moins heureuses qui les poussent vers la perfection ou qui les entraînent vers la décadence.

La première croisée à droite est divisée en deux parties; on voit d'un côté un tableau dont les couleurs sont belles et les airs de tête vrais, représentant Noé sortant de l'arche. La composition de ce tableau, qui ornait le cloître des Bons-Hommes de Passy, se ressent encore du goût gothique. La suivante, dont les couleurs sont éclatantes et vigoureusement articulées, est divisée en deux sujets : dans l'un on voit saint Charles Boromée debout, en habit de cardinal, et dans l'autre, saint Jacques, aux pieds desquels les donateurs sont représentés à genoux.[1] Ces vitraux sont d'un beau dessin et d'une très-belle exécution.

La troisième croisée, ornée d'un vitrage bien dessiné, et d'une exécution fine et soignée, présente un intérêt particulier, comme monument de la bonhomie de nos aïeux ; le sujet est l'Annonciation : d'un côté on voit la Vierge à genoux, qui lit ses heures; de l'autre le beau Gabriel,[2] et, dans un coin de la chambre, le petit pigeon,[3] du bec duquel part un rayon pyramidal qui va droit à l'oreille de Marie, et dans lequel est un embryon fort bien dessiné. Ce qui est remar-

---

[1] Ces peintures sont tirées de la chapelle de l'ancien collége de Picardie, rue du Fouarre à Paris.

[2] Je ne dis rien de trop, car la tête de cet archange est du plus beau caractère et du dessin le plus correct.

[3] Ici le pigeon manque ; il a été cassé dans l'église même de Saint-Leu, où était ce vitrail, par le bout d'une échelle dont il fut frappé : sitôt que je pourrai m'en procurer un de la même époque et dans la position convenable, je le restituerai.

quable, c'est qu'il tient une croix à la main. Cette composition s'accorde parfaitement avec une prose qui se trouve dans les livres gothiques :

Gaude, Virgo, Mater Christi,
Quæ per aurem concepisti.

Je citerai aussi l'épigramme suivante :

Sitôt qu'eut parlé Gabriel,
La Vierge conçut l'Éternel
Par une divine merveille.
L'archange ainsi le lui prédit :
Et de là, peut-être, a-t-on dit
Faire des enfans par l'oreille.

Le poète La Monnoye, dans ses Noëls bourguignons, n'a pas oublié de citer Marie qui conçoit par l'oreille :

Couplet d'un Noël bourguignon qui commence par ces mots : Einjor laihau.

L'ainge echevan ce prêpô,	L'ange achevant ce propos,
Mairie, étrainge merveille!	Marie, étrange merveille !
An concevi po l'oraille	En conçut par l'oreille
Le fi de Dei tô d'un cô.	Le fils de Dieu tout d'un coup.
Ses antraille fremissire	Ses entrailles frémirent
Du Varbe au-dedans logé,	Du Verbe au-dedans logé,
Et dan troi moi quemancire	Et dans trois mois commencèrent
Ai santi l'anfan rogé.	A sentir l'enfant remuer.

Ce tableau naïf nous en rappelle un autre, du même genre et du même temps, que l'on voyait dans la chapelle de Sainte-Marie Egyptienne, vulgairement connue sous le nom de la Jussienne, au coin de la rue Montmartre. Sur un des vitraux de cette chapelle était représenté, ainsi que nous l'avons dit plus haut, un trait assez piquant de la vie de cette sainte : c'est le moment où elle se prostitue à un batelier pour payer son passage, certain jour qu'elle allait rendre visite au père Zozime pour communier de sa main; dette qu'elle ne pouvait acquitter autrement, vu sa grande pauvreté. Elle était représentée sur le pont du bateau, troussée jusqu'aux genoux devant le batelier, avec ces mots au-dessous :

Comment la sainte offrit son beau corps
Au batelier, pour son passage.

Cette attitude était exacte, et l'expression de sa physionomie était celle de la douleur; ce qui exprimait très-bien la contrainte où se trouvait la sainte, et sa fâcheuse situation. Ce trait nous confirme la simplicité des mœurs de ce temps, et se rapporte parfaitement avec le *Gaude, Virgo, Mater Christi, quæ per aurem concepisti,* qui a sans doute autorisé Molière à mettre dans la bouche d'Arnolphe les vers suivans, en parlant de son Agnès :

L'autre jour, pourrait-on se le persuader?
Elle était fort en peine, et vint me demander
Avec une innocence, à nulle autre pareille,
Si les enfans qu'on fait, se faisaient par l'oreille.

Mais aujourd'hui nous sommes beaucoup plus chastes et bien plus éclairés : *certains amateurs*, très-chastes assurément, n'ont-ils pas proposé d'orner de feuilles de vignes les belles statues qui nous viennent d'Italie, pour couvrir ce que sainte Marie Egyptienne montrait avec tant d'ingénuité?... Quelle barbarie! retournons plutôt au quatorzième siècle.

Au-dessous de ce tableau on voit les portraits, à genoux et en pied, du roi Jean II, dit le Bon, et de Charles V, représentés, dans la même attitude, sur un fond rouge orné de dessins de forme losangée. Ces deux vitraux, faits du temps de Charles V, ornaient autrefois le chœur de l'église des Célestins de Paris; on lisait au bas, en caractères gothiques, ce qui suit: *Le Roi Jehan. Le Roi Charles V.* Ces deux inscriptions ont été perdues. Je ne suis pas éloigné de penser que ces deux vitraux sont de la main de Henri Mellein, à la faveur duquel les rois Charles V et Charles VII accordèrent au corps des peintres vitriers les priviléges suivans, mentionnés au Greffe de la Prévôté de Paris, du 12 août 1390. Priviléges donnés et octroyés aux *peintres vitriers*, qui les déclarent *francs, quittes et exempts de toutes tailles, aides, subsides, garde de ports, guet, arrière-guet, et autres subventions quelconques.* Ces priviléges furent confirmés par Charles VII, à la sollicitation de Henri Mellein, peintre vitrier à Bourges.[1]

Sauval nous apprend que Charles V avait affectionné particulièrement la peinture sur verre; que non seulement il en avait fait

---

[1] Les lettres-patentes que Charles VII accorda, dans sa ville de Chinon, le 3 janvier 1430, aux peintres vitriers, à la requête de Henri Mellein, peintre sur verre à Bourges, confirmées par autres de Henri II, données à Saint-Germain-en-Laye le 6 juillet 1555, et de Charles IX, données à Melun au mois de septembre 1563, et les différentes sentences rendues en différentes élections du royaume, sur le *vidimus* d'icelles, pour faire jouir les peintres vitriers des priviléges à eux accordés par nos rois, nous ont été conservées dans la collection des statuts, ordonnances et réglemens de la communauté des maîtres de l'art de peinture, sculpture et gravure de la ville et faubourgs de Paris, imprimée avec permission, à Paris, chez Bouillerot, 1672. (Le Vieil, peintre vitrier, dans son ouvrage intitulé: *L'Art de la Peinture sur Verre.*)

orner les églises de Paris et les chapelles de ses châteaux, mais qu'il en fit faire aussi pour orner les croisées de ses appartemens; que ce roi, dit-il, outre les six grands vitraux dont il avait décoré, en 1360, son église favorite des Célestins à Paris, et qui furent brisés en 1538, lors de l'explosion occasionnée par la chûte du tonnerre sur la tour de Bissy, qui était remplie de poudre à canon, en fit décorer toutes les fenêtres des chapelles et appartemens de ses maisons royales, et notamment celles du Louvre et de l'hôtel de Saint-Pol. Ces vitres étaient aussi hautes en couleurs que celles de la Sainte-Chapelle, pleines d'images de saints et de saintes, surmontés d'une espèce de dais et assis dans un trône; le tout exécuté d'après les dessins de Jean de Saint-Romain, fameux sculpteur de ce temps, que ce monarque employait, par préférence, à la décoration de ses palais. D'après ce que dit ici Sauval, je ne serais pas éloigné de penser que les statues en marbre de Charles V et de Jeanne de Bourbon, sa femme, qui décorent le mausolée de ce prince, que l'on voit dans ce Musée, n° 60, salle du quatorzième siècle, ne soient de la main de Jean de Saint-Romain. Il dit encore que, outre ces images, quelques-unes des vitres des appartemens du roi, de la reine, des enfans de France et des princes du sang royal, étaient rehaussées des armoiries de la personne qui les occupait, et que chacun de ces panneaux coûtait vingt-deux sous. [1]

La dernière croisée qui décore la salle du quinzième siècle nous fait voir deux sujets de la plus grande beauté pour la vivacité des couleurs; les bleus, les rouges et les violets, en sont admirables : le premier représente Louis IX, assis sur son trône, donnant au-

[1] Voici ce que dit Le Vieil, dans son ouvrage, sur le prix de ces vitraux, dont parle Sauval : « Il est impossible d'apprécier au juste la valeur du pied de verre peint de douze pouces de superficie, par rapport à ces vitres peintes dont parle Sauval, qui n'en donne point de mesure fixe : il dit seulement (tome II, page 20 de ses *Antiquités de Paris*) que les croisées des appartemens du Louvre, où le roi logeait avec toute la famille royale, étaient très-petites. Quant au prix de chaque panneau, qu'il fait monter à vingt-deux sols, en réduisant notre livre de vingt sols à dix livres sept sols ou environ, et le sol à dix sols quatre deniers, chaque panneau reviendrait à onze livres huit deniers de notre argent. Ainsi les ouvrages étaient à très-bon compte dans un temps où l'argent était très-rare, l'affaiblissement des monnaies très-commun, leur valeur numéraire fort augmentée, le peuple très-pauvre, et le roi fort économe. »

Page 75 Peinture sur verre du XVeme Siècle.

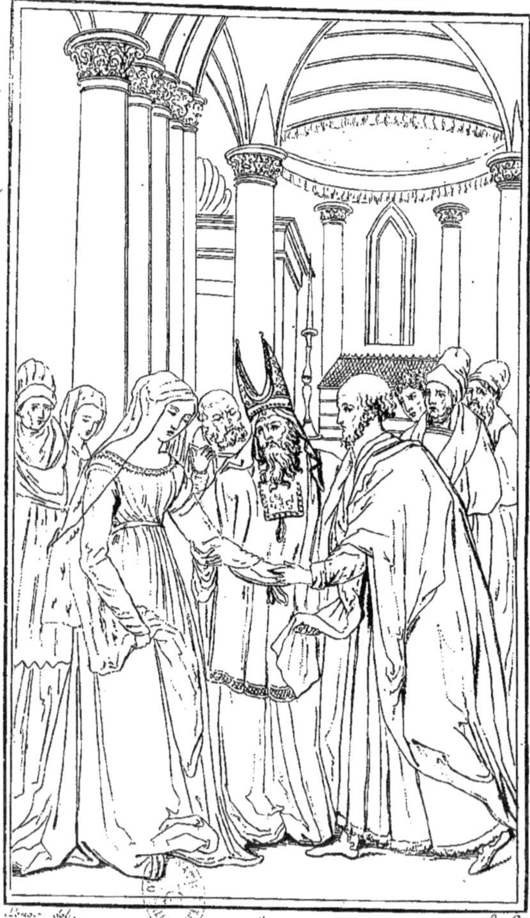

Le mariage de la Vierge.

dience à un ambassadeur que l'on croit être un envoyé du Vieux de la Montagne.

Le second, dont on voit ici la gravure, représente le mariage de la Vierge. Richesse dans le ton de couleur, bel agencement dans les draperies, et caractères vrais dans les airs de têtes; voilà ce que l'on peut remarquer dans ce tableau, qui a été exécuté sur les cartons d'Albert Durer, qui l'a gravé lui-même au burin et en bois : tous deux viennent des Bons-Hommes de Passy.

Non seulement on comptait à Paris un nombre considérable de vitraux précieux de cette époque de l'art, mais nos provinces en possédaient aussi de la première beauté. Enguerand ou Angrand le Prince, né à Beauvais, parut avec succès; il fut chargé de peindre les vitres des églises de cette ville. Il se surpassa tellement dans celles qu'il exécuta dans l'église Saint-Étienne, que le cardinal de Janson, alors évêque de Beauvais, qui ne pouvait se lasser de les admirer, y conduisait, lui-même, les étrangers qui venaient le visiter. Angrand le Prince, dont on ignore l'époque de la naissance, mourut à Beauvais en 1530, ainsi que nous l'avons dit plus haut. Rouen, avant la révolution, montrait une des plus belles collections de cette espèce de dessin coloré au feu : on remarquait, entre autres, les vitres de Saint-Godard, dont la vivacité du coloris était éblouissante; les rouges y étaient employés si adroitement, qu'ils produisaient l'effet le plus piquant.[1] Je me rappelle d'avoir vu, dans la même église, deux vitraux de la plus belle manière et du style le plus pur, que l'on disait avoir été exécutés d'après les dessins de Raphaël. Les vitres du cloître de l'abbaye de Saint-Vandrille, près Caudebec, et celles de Blosseville, en Caux, étaient fort admirées. A Provins, j'ai recueilli douze panneaux des vitres de l'église Saint-Ayoult, réprésentant des sujets de l'Ancien Testament, peints en grisaille, et relevés de jaune dans certaines parties. Ces tableaux, dont l'auteur est inconnu, sont d'un beau dessin, et montrent le plus grand caractère dans les têtes, et sur-tout dans les expressions. J'ai fait restaurer trois de ces beaux dessins, pour donner aux artistes et aux amateurs une idée des différentes manières de peindre sur verre qui se sont pratiquées en France dans le quinzième siècle.

---

[1] Le beau rouge de ces vitres a donné lieu à un proverbe reçu. Lorsque l'on veut parler d'un vin riche en couleur, on dit : *du vin couleur des vitres de Saint-Godard.*

SALLE DU XVIe SIÈCLE.

Le seizième siècle, comme nous l'avons déjà dit, vit éclore tous les talens à la fois. Les arts dépendans du dessin prirent un vol élevé sous la protection immédiate du plus illustre des princes, de l'ami des arts, de François Ier, dont le nom sera revéré tant qu'il existera des hommes instruits. La peinture sur verre, parée de toutes les perfections de l'art, parut alors comme un astre lumineux fait pour conduire dans la route du beau et du grand les artistes que la nature ménageait aux siècles qui devaient suivre; mais le goût de la nouveauté, la ridicule manie en France des innovations, éteignirent presqu'en naissant le flambeau qu'un roi bienfaisant avait allumé à force de soins, d'encouragemens, et en appelant auprès de sa personne les plus grands talens. Les arts en Italie se soutinrent dans la perfection pendant plus de trois siècles ; les peintres allemands se ressentent encore des leçons d'Albert Durer ; l'école flamande est restée constamment attachée aux principes des Rubens et des Van Dyck : dans le siècle dernier nos peintres et nos statuaires dédaignèrent les hommes les plus célèbres du siècle de François Ier; ils poussèrent même la turpitude jusqu'à dégrader les talens de Nicolas Poussin. Heureux les élèves de nos jours, si, guidés par des maîtres régénérateurs des arts, ils suivent avec docilité la doctrine de leur école! Là, ils apprendront à découvrir dans les anciens maîtres les finesses de l'art et les traits sublimes de la perfection. Comme l'abeille tire le miel du calice des fleurs, de même ils iront étudier la magie de la peinture et les règles du dessin dans les riches trésors qu'un Génie surhumain, le Pacificateur de l'Europe, a déposés au centre de la capitale du premier Gouvernement. Un Général plus grand qu'Alexandre, l'égal de César, le successeur de Charlemagne, à la suite de ses nombreuses conquêtes, a mis sous nos yeux les plus beaux tableaux du monde; cet Apollon et cette Vénus devant lesquels la Grèce entière s'est agenouillée!... Élèves de David, de Regnault, de Vincent, de Pajou et de Julien, enflammez-vous à la vue de ces chefs-d'œuvres; prenez vos lyres, et chantez BONAPARTE.

Parler des six vitraux qui décorent la salle du seizième siècle, c'est compter autant de chefs-d'œuvres. Les deux tableaux que l'on voit en entrant, à droite, sont composés et exécutés par le célèbre Jean Cousin:

(dont j'ai parlé dans ce volume, page 21) outre la couleur forte et harmonieuse qui règne dans ces deux tableaux, on y remarque une composition riche et savante, un dessin pur, d'un grand caractère, et une exécution extrêmement soignée. On y voit des têtes d'un fini précieux, et digne du génie de Raphaël dont Jean Cousin s'était pénétré. Ces deux sujets sont pris dans l'Apocalypse, ouvrage obscur et impénétrable. Je rapporte ici le texte du poète Jean, pour mettre les artistes et les amateurs à même de juger du génie de Jean Cousin. Le premier sujet est tiré du chapitre IX, verset 13; il dit :

« Alors le sixième ange sonna de la trom-« pette, et j'entendis une voix qui venait des « quatre cornes de l'autel d'or, qui est devant « Dieu.

« Laquelle dit au sixième ange, qui avait la « trompette : Délie les quatre anges qui sont « liés sur le grand fleuve de l'Euphrate.

« Aussitôt furent déliés les quatre anges qui « étaient prêts pour l'heure, le jour, le mois « et l'année, afin de tuer la troisième partie « des hommes.

« Et le nombre de l'armée à cheval était de « deux cents millions; car j'en ouïs le nombre.

« Et je vis ainsi les chevaux dans ma vision;

« ceux qui étaient montés dessus avaient des « cuirasses de couleur de feu et d'hyacinthe « et de soufre; les têtes des chevaux étaient « comme des têtes de lions, et il sortait de leur « bouche du feu, de la fumée et du soufre.

« La troisième partie des hommes fut tuée « par ces trois choses; savoir : par le feu, par « la fumée, et par le soufre, qui sortaient de « leur bouche. »

Voici ce qui est écrit au bas du tableau :

> *Veit avssi les qvatre anges desliez affin*
> *d'occire svivys de grande mvltitvde*
> *d'anges d'armes montez svr chevavlx*
> *ayantz testes de lyons et par icevlx*
> *fvt tvé la tierce partie des hommes.*

Voici le sujet du second, dont la composition imprime un sentiment profond; le peintre y paraît encore plus poète que le poète lui-même. La tête de l'homme tourmenté de la soif, qui tient un vase rempli d'eau sans oser en porter à ces lèvres, puisque cette eau empoisonnée doit lui donner la mort, est d'une expression sublime; la terreur est exprimée dans cette peinture avec la plus grande force.

Jean, Apocalypse, ch. VIII, v. 10, dit:

« Et le troisième ange sonna de la trompette, « et il tomba du ciel une grande étoile, ardente

Page 81.

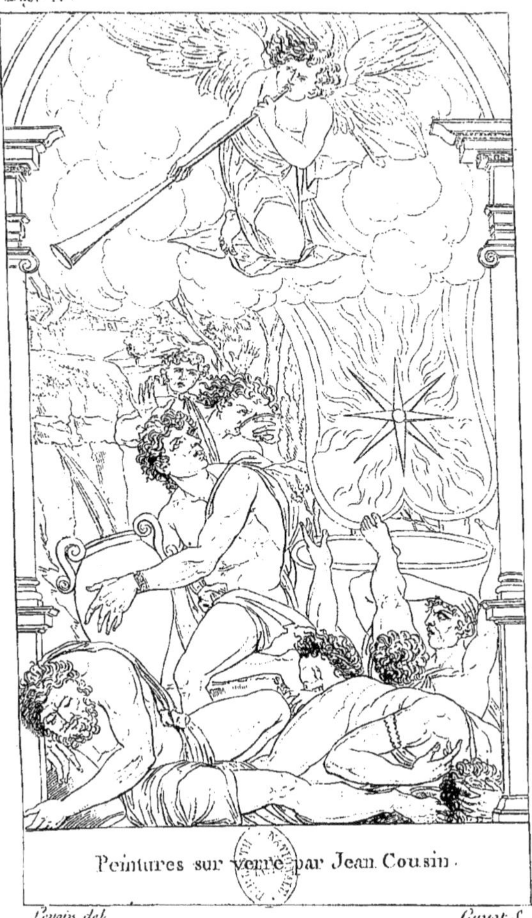

Peintures sur verre par Jean Cousin.

Lenoir del. Guyot S.

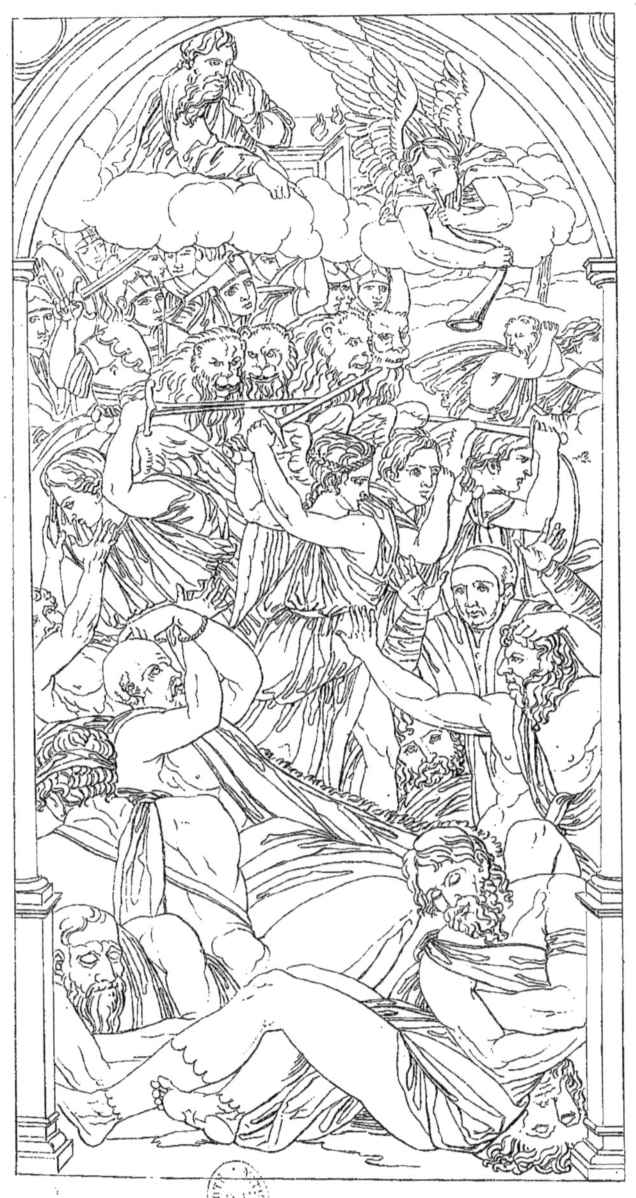

Peinture sur verre,
par Jean Cousin.

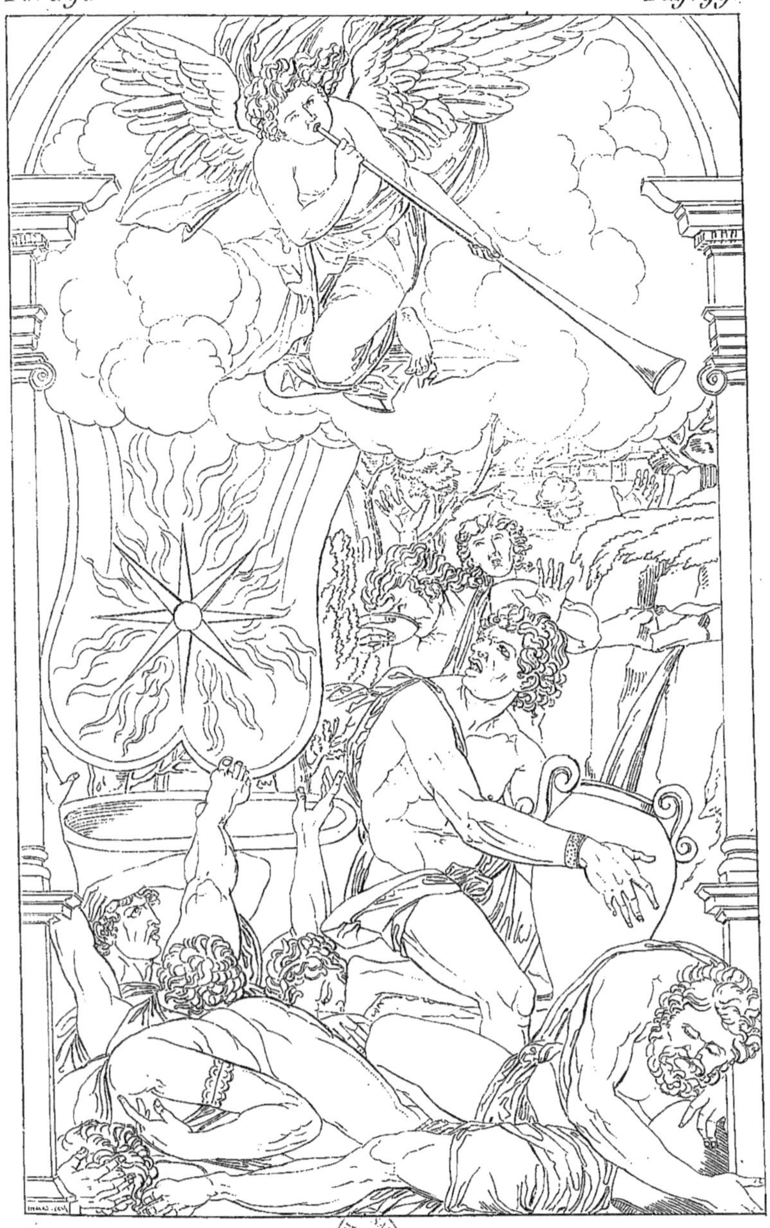

Peinture sur verre.
par Jean Cousin.

« comme un flambeau; et elle tomba sur « la troisième partie des fleuves et sur les « sources d'eau.

« Et le nom de cette étoile était Absynthe; « et la troisième partie des eaux fut changée « en absynthe; et elles firent mourir un grand « nombre d'hommes, parce qu'elles étaient « devenues amères. »

Voici ce qui est écrit au bas de ce tableau:

Le tiers ange ayant sonné sa trompette veit tomber dv ciel vne grande estoille ardente comme vng flambeav et la tierce partie des flevves et fontaines devindrent ameres comme aloyne par laqvelle amertvme movrvrent plvsievrs hommes.

Le tableau suivant, peint aussi par Jean Cousin, nous fait voir François Ier, vêtu de ses habits royaux, représenté à genoux et de grandeur naturelle. Je ne parlerai point de la beauté des draperies de ce portrait, mais j'engagerai les amateurs à examiner la vérité, la touche simple et le fini précieux qui concourent à la fois à bien rendre l'image de François Ier.

Toutes les croisées du château d'Anet étaient ornées de peintures en grisaille, représentant des sujets de la fable, exécutées dans le goût de celles que nous venons de décrire. Cette maison, le 10 mai 1683, passa à M. le duc de

Vendôme, qui les fit ôter et remplacer par des vitres blanches, pour obtenir plus de clarté; on ignore ce qu'elles sont devenues. « C'est une tradition à Anet, dit Le Vieil, que le grand dauphin, qui connaissait les anciennes vitres de ce château, en faisait beaucoup de cas, et, dans cette occasion, reprocha à M. de Vendôme son peu de goût, d'avoir fait détruire d'aussi belles choses. Au surplus, celles de la chapelle de ce magnifique château, que Henri II fit bâtir pour Diane de Poitiers, sa favorite, sont très-estimées: elles ne sont pas rehaussées par l'éclat des couleurs, mais de simple grisaille. Les sujets y sont rendus avec beaucoup d'expression. On dirait que les figures sortent du verre, et qu'elles ont été tracées avec de l'argent fluide, tant l'exécution en est légère. On distingue sur-tout le premier vitrage, qui représente Moïse levant les mains au ciel, pendant le combat des Israélites. (Voyez, dans ce Musée, la chambre sépulcrale de François Ier, la première croisée à gauche.) On ne sait rien de particulier sur les auteurs de ces admirables vitres, qui furent faites et peintes de cette manière par les ordres de Philibert de Lorme, qui conduisait la construction de ce château en qualité d'architecte. »

Ensuite vient un tableau dont les couleurs

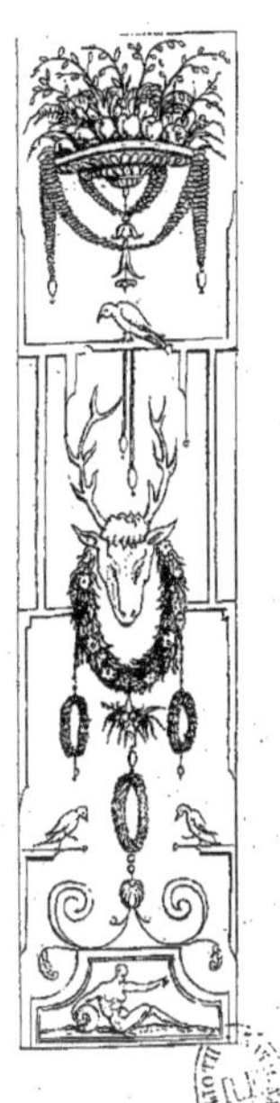

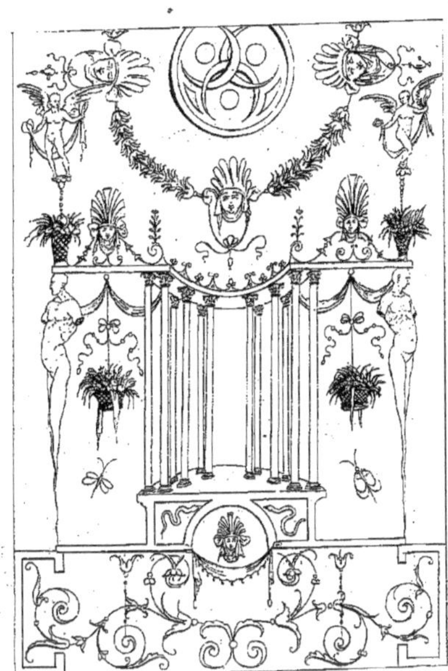

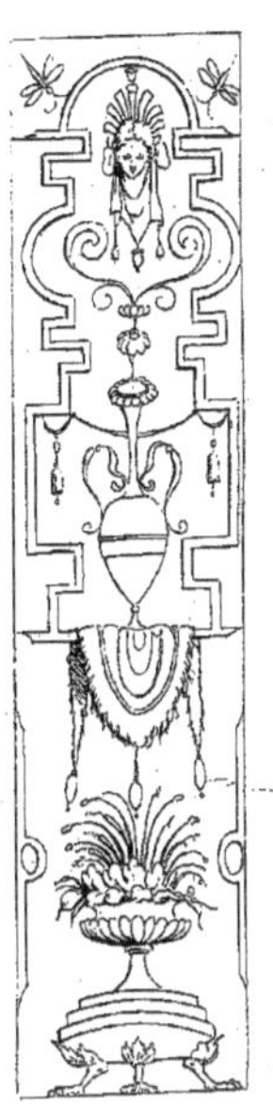

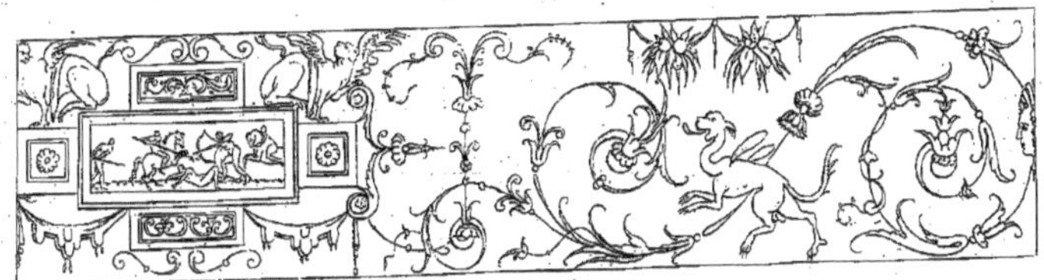

Fragmens de Vitres peintes en grisaille par Jean Cousin.

Ces Vitraux qui ont été detruits en 1683 par les ordres de M.r De Vendôme, ornaient dans le chateau d'Anet la chambre à coucher de Diane De Poitiers.

Dessiné par Lenoir en 1786. d'après un manuscrit — *Gravé par Guyot*

riches, brillantes et recherchées, attirent tous les regards ; il représente Jésus que l'on couronne d'épines. Ce qu'il y a de remarquable dans cette peinture, exécutée en France sur les cartons d'Albert Durer, c'est la variété des expressions, et les oppositions frappantes des airs de tête et des attitudes. La tête de Jésus est belle, sage, et d'une expression douce; le calme est dans son ame, tandis que ses bourreaux font des contorsions pour le tourmenter; leurs figures sont ignobles. A ces traits frappans, à ces oppositions heureuses enfantées par le génie, qui ne reconnaîtra pas Albert Durer? Ce tableau, provenant de l'église du Temple, de Paris, (voyez dans ce volume, page 16) se trouve gravé par Albert Durer, lui-même, à la suite de ses œuvres.

La croisée qui suit celle-ci est ornée de deux tableaux peints en grisaille, sur les dessins de Primatice, par Bernard Palissy, qui les fit pour la chapelle du château d'Ecouen; ils représentent la Circoncision et la Nativité de Jésus. Grace, finesse, airs de tête charmans, draperies d'un goût exquis, voilà ce qui constitue ces peintures, dont l'exécution est parfaitement soignée. Je ne m'étendrai pas sur les talens de Bernard Palissy, dont j'ai eu occasion de parler dans le cours de cet ouvrage. (Voyez, tome III, page 123, et dans ce volume, page 48.)

Les croisées supérieures de cette salle sont ornées d'arabesques que j'ai formées avec des débris de vitraux du même temps, ainsi que l'on peut le vérifier par les différentes dates qui s'y trouvent.

Description des Peintures sur Verre du seizième siècle, exposées dans la galerie de ce Musée.

On voit dans cette galerie les trente sujets de la fable de Cupidon et Psyché, d'après Raphaël, dont les gravures et la description suivent celle-ci. Quatre grisailles, représentant des arabesques de la plus riche composition, et de la plus belle exécution, provenant aussi du château d'Ecouen; deux sont chargées des armes de la maison de Montmorency, une autre du chiffre de Diane de Poitiers, entouré d'une couronne de fruits de la plus grande délicatesse, avec cette devise : *Donec impleat orbem.* Dans le milieu du quatrième panneau, on voit un porc-épic couronné. Viennent ensuite deux grisailles claires exécutées par Jean Cousin, pour Diane de Poitiers, dont j'ai donné la description ci-dessus, et plus détaillée, pages 24 et 25. On trouve, mêmes pages, la description des deux croisées qui décorent la chambre sépulcrale de François Ier, exécutées aussi par Jean Cousin.

Les deux arcades suivantes sont ornées de deux tableaux dans lesquels on voit le connétable Anne de Montmorency [1] au milieu de ses enfans représentés à genoux et de grandeur naturelle, avec leurs patrons posés debout derrière eux. Ces peintures, de la plus belle exécution, viennent de la chapelle d'Écouen ; on les attribue à Palissy.

A l'autre extrémité de la galerie, on voit deux grands vitraux, tirés des charniers de Saint-Étienne-du-Mont, représentant le Jugement dernier, et la Fin du Monde, exécutés par Nicolas Pinaigrier. Le premier, fait sur les cartons de Jean Cousin, montre de grandes perfections dans la magie des couleurs, de la propreté dans la manutention ; mais une mollesse et une rondeur dans le dessin qui empêche de reconnaître le style de Jean Cousin. Cette négligence vient du peintre verrier, qui probablement était plus faible dans cette partie essentielle à l'art que dans celle qui constitue la fabrique. Ce peintre, dans l'autre sujet, qu'il a

[1] La tête du Connétable a été malheureusement perdue.

peint d'après Tempeste,[1] a employé toute la magie dont la peinture sur verre était susceptible : on y voit l'émail fréquemment employé pour obtenir des tons vigoureux et soutenus ; aussi produit-il le plus grand effet.[2] Les personnages sont finement exécutés ; les poissons, la mer, une girafe, et en général tous les animaux, y sont exécutés de main de maître. On peut considérer ces détails comme autant de chefs-d'œuvres.

« On doit mettre au rang des plus beaux vitraux des charniers de Saint-Etienne-du-Mont, celui du Jugement dernier, également distingué par le fini des figures et l'éclat du coloris ; mais la délicatesse du travail, la beauté des émaux, leur industrieux emploi et leur réussite à la recuisson, brillent sur-tout dans

---

[1] Antoine Tempeste, peintre et graveur, né à Florence en 1555, mourut en 1630. Il fut élève de Jean della Strada, qui lui donna du goût pour peindre les animaux, genre dans lequel il se fit une réputation. Il fit aussi des tableaux d'histoire : son dessin est roide, sans goût, et un peu lourd ; cependant on remarque de la fécondité dans ses compositions. Il s'adonna dans la suite à la gravure, et fit plusieurs estampes de batailles et de chasses de sa composition.

[2] Pinaigrier passe pour être un de ceux, parmi les peintres verriers, qui ait employé l'émail avec le plus de succès dans ses peintures sur verre.

celui qui représente la Fin du Monde : la variété des objets qu'il renferme, telles que l'obscurité que laissent les astres qui tombent du firmament, la confusion des élémens, la frayeur de tout ce qui a vie dans l'air, sur la terre et au sein des eaux, qui touche au moment de sa destruction; hommes et femmes de tous états, animaux, poissons, oiseaux, bâtimens, monumens de toute espèce, fruits de la nature et de l'art, prêts à rentrer dans le néant, cette surprenante variété y est caractérisée avec une expression qui saisit le spectateur d'effroi à la vue de ces sujets de terreur, et d'admiration pour le travail de l'artiste qui a si bien peint et si heureusement colorié sur le verre tant de différens objets du plus menu détail. »

La suite précieuse des vitraux du seizième siècle, que j'ai réunie dans ce Musée, et dont nous venons de faire la description, n'est qu'un faible extrait de tous ceux que l'on aurait pu recueillir pour augmenter notre belle collection. Un nombre trop considérable de vitres peintes dans ce temps-là a été brisé ou vendu,[1]

[1] Il y a environ deux ans qu'un étranger a acheté une église à Rouen, seulement pour avoir les vitraux dont elle était ornée; après les avoir fait démonter avec soin,

tant en province qu'à Paris; et, malgré le zèle que j'ai pu mettre à les rassembler, je n'ai pas toujours eu le pouvoir de retirer les monumens des châteaux ou des temples qui ont été démolis; notamment de l'église des Cordeliers où l'on voyait les portraits en pied de Christophe de Thou, de Jacques Auguste son fils, et ceux des rois Henri III et Henri IV, bienfaiteurs de ce monastère. Les vitres de Saint-André-des-Arcs, et celles de Saint-Victor devaient entrer aussi dans notre Muséum; heureusement qu'il s'est trouvé des amateurs qui ont pu les conserver en s'en rendant les propriétaires.

---

il les fit passer à Londres, et vendit ensuite l'église même avec bénéfice. Un vitrier de cette ville, nommé Le Vieil, descendant de celui qui est mentionné dans cet ouvrage, a acheté les vitres peintes en grisaille qui décoraient la chapelle de l'Hôtel-Dieu, que l'on dit avoir été faites et données par Guérard Louf, peintre et sculpteur allemand, qui vint s'établir à Rouen dans le commencement du seizième siècle, et qui vivait encore en 1580. Dans ces magnifiques vitraux, de la plus belle exécution, formant quarante tableaux que j'ai vus, on remarque des sujets pris dans la vie des solitaires; les fonds sont admirables, les détails extrêmement fins, et le clair-obscur y est observé avec une intelligence rare. Le propriétaire, qui les apporta l'année dernière à Paris, en voulut un prix si considérable, que je ne voulus point proposer au Ministre d'en faire l'acquisition pour le Musée : un étranger fut plus hardi, et les emporta.

SALLE DU XVIIe SIÈCLE.

La peinture sur verre, portée au plus haut degré de perfection, tomba tout à coup dans la plus grande désuétude. Tout passe, tout change, et la vue continuelle des belles choses fatigue trop souvent celui qui en jouit. Malgré l'abandon presque total que l'on fit, dans le dix-septième siècle, de la peinture sur verre, et la négligence des décorateurs à l'employer dans les édifices publics, les peintres verriers produisirent néanmoins plusieurs chefs-d'œuvres remarquables, tant l'impulsion qui pousse un art vers sa perfection est forte lorsqu'elle est donnée par la puissance d'une étude suivie et raisonnée. Les peintures de Perrin, exécutées sur les dessins d'Eustache Le Sueur, et celles de Sempy, d'après Elye, que l'on voit dans cette Salle, servent de preuve à notre assertion. Le cygne touche-t-il au terme de sa vie, virtuose encore, il rassemble ses forces et charme son auditoire : de même ces belles productions, le dernier effort des peintres verriers du siècle brillant de Louis XIV, captivent l'admiration de ceux qui les examinent. Espérons qu'un Gouvernement ami des arts fera des efforts pour relever la peinture sur verre de l'oubli dans lequel elle est plongée; espérons qu'il encouragera les artistes distingués qui ont montré des essais, et qui travaillent, non pas à retrouver ce que la majeure partie des gens du monde appelle *le secret de la peinture sur verre*, qu'elle croit perdu, mais à renouveler un art qui peut être utile aux artistes, et procurer des jouissances à la société.

On ne doit pas s'étonner si la peinture sur verre, qui a tant d'avantages aux yeux du peuple sur la peinture à l'huile, et qui présente tant d'éclat par la vivacité de ses couleurs, a long-temps passé pour un art *magique* qui, soi-disant, ne pouvait s'obtenir que par des *secrets*, dont les maîtres peintres verriers, qui les avaient reçus de maîtres plus anciens qu'eux, faisaient mystère pendant leur vie, et qu'ils ne communiquaient à leurs enfans ou à leurs élèves qu'au moment de la mort. Non seulement la peinture sur verre exige des connaissances chimiques, pour obtenir les couleurs qui lui sont propres; mais encore son exécution force le praticien de cet art à appeler la chimie à son secours pour la cuisson de ses pièces et la confection totale de ses tableaux. Tout le monde sait que dans les temps d'ignorance, et l'origine de la peinture sur verre remonte à ces temps-là, les arts et les sciences n'étaient pratiqués que par des religieux, des médecins, et en général par un très-petit nombre d'hommes; que le résultat de leurs recherches scientifiques, et notamment ce qui était ostensible et frappait fortement la vue, devait nécessairement étonner le peuple, pour lequel chaque ouvrage était un phénomène nouveau. Peu accoutumé à raisonner, ce même peuple, toujours ami du merveilleux, frappé de ce qu'il voyait, ne pouvant se faire une idée de l'étude, trouva plus facile d'imaginer qu'il existait des *secrets* pour faire des tableaux, des livres, de la chimie, de la médecine, etc.; que ces secrets ne pouvaient être communiqués qu'à un petit nombre d'hommes dont le choix lui paraissait être, dans les uns, un effet de la grace divine, et, dans les autres, celui de la méchanceté du démon : il disait, ce même peuple, que celui-ci, voulant se faire des créatures et rivaliser avec la divinité, insinuait finement à certains hommes qu'il savait choisir, que s'ils voulaient s'abandonner entièrement à lui, ils obtiendraient, en retour, l'art de faire de l'or, des livres, de la chimie, ou des tableaux, suivant le goût de celui sur lequel il avait jeté les yeux. Ces extravagances des temps superstitieux, soutenues par des écrivains de ces temps-là, et fidellement répétées par d'autres, se sont tellement accréditées, que, de nos jours, le peuple croit encore au *secret de la peinture sur verre*. Voici ce que dit Le Vieil, qui écrivait en 1774, à l'occasion de Léonard Gontier qui a peint les belles vitres de l'Arquebuse à Troyes en Champagne : « Combien de productions, semblables à celles des frères Gontier, faute d'avoir été *révélées* ou rendues publiques, ont accéléré la ruine de certains arts ! Nous osons même assurer que celui de la peinture sur verre n'a point eu d'autre cause physique de son oubli. Ces habiles peintres sur verre et en émail, qui se distinguèrent sous le règne de François Ier, contens de mériter les graces d'un souverain qui témoignait une singulière prédilection pour ces deux arts, et de l'emporter sur les autres artistes par l'excellence de leurs ouvrages, ne donnèrent à leurs élèves que d'un certain genre de couleurs, et se réservaient les plus belles et les plus précieuses ; encore les leur donnaient-ils souvent toutes prêtes à être mises en œuvre. A l'égard du *secret*, ils le laissaient à leurs enfans ou héritiers en qui ils connaissaient les qualités requises pour le faire valoir, sinon il restait enseveli avec ces hommes rares, et se perdait pour leur propre famille. » D'après le paragraphe que je viens de citer, il paraît que Le Vieil croyait aussi au secret de peindre sur verre. Cependant cet art, resté dans l'oubli, va se renouveler. Plusieurs de nos artistes modernes, qui, probablement sans le secours du démon, ont deviné les secrets des anciens peintres verriers, s'en occupent sérieusement, et les essais que j'ai vus à la Manufacture de Sèvres, exécutés sous la direction du jeune Brongniart, chimiste distingué, qui les a présentés à l'Institut national, promettent les plus grands succès. Il y avait à Amsterdam, dans la vieille église, de très-beaux vitraux d'anciens maîtres, dont les noms ne nous sont pas parvenus, qui tombaient de vétusté, que l'on a fait copier exactement, il y a environ cinquante ans, par des maîtres modernes; les copies sont si exactes pour les couleurs, le dessin, et les caractères si semblables, que beaucoup de connaisseurs s'y méprennent. Les anciens vitraux ont été démontés avec soin, et sont encore conservés dans des caisses. Cette note intéressante m'a été communiquée par M. le baron Van Hoorn, riche Hollandais, membre de plusieurs académies et amateur des arts, qui possède à Paris un des plus riches cabinets de l'Europe. Il dit aussi que l'on est dans l'usage à Amsterdam d'attacher aux croisées de l'une des églises de cette ville, les armes peintes sur verre de chaque bourgmestre appelé à cette fonction honorable. Cet usage s'est pratiqué dans cette ville jusqu'aux premières époques de la révolution; ce qui prouve évidemment que la peinture sur verre n'a point éprouvé d'interruption en Hollande. Honneur soit rendu au Ministre Chaptal, qui a pourvu aux besoins de jeunes infortunés, privés par la nature de deux sens essentiellement utiles, (les sourds et muets) et leur a donné un état, en établissant une école de mosaïque, où déjà ils fabriquent des morceaux précieux! Une école de peinture sur verre, créée à l'instar de celle élevée par le Ministre, formerait un établissement digne de sa philantropie et de son amour pour les arts. Le moment paraît favorable; le genre de décoration pratiqué aujourd'hui dans nos intérieurs, semble permettre l'introduction sur les vitres de certains ornemens, et je pense que des bordures arabesques bien dessinées et bien dirigées autour des croisées de nos appartemens, les embelliraient en les rendant plus agréables. Une fois ce nouveau genre de vitrage adopté par des personnes de marque, le succès de notre établissement est certain. Cette école alors devient naturellement créatrice de ce genre de peinture, qui paraîtra

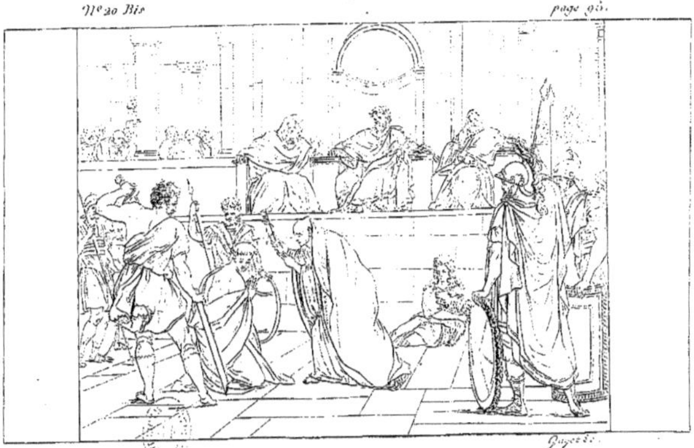

Vitraux du dix septième Siecle

Nº 20 Bis

Guyot Sc.

Martire de Saint Gervais

Peint par Perrin d'après Eustache le Sueur.

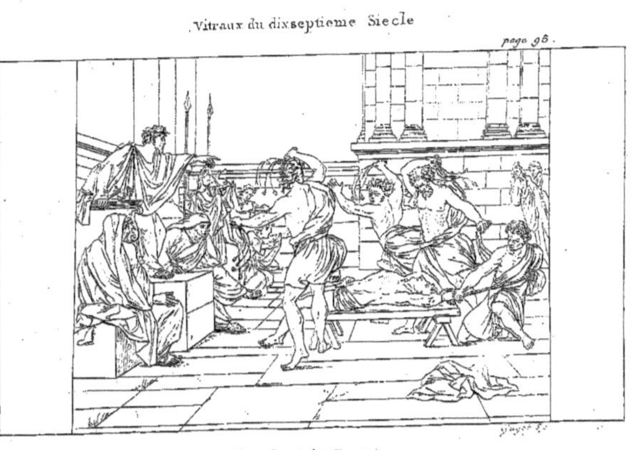

Suplice de Saint Protais

Peint par Perrin d'après Eustache le Sueur.

nouveau, sur-tout si l'on abandonne la manière gothique des artistes anciens; et si l'on supprime ce mode désagréable à l'œil, qui tenait au peu de moyens d'exécution que les ouvriers avaient dans les temps passés, de réunir les morceaux de verre qui concourent à l'ensemble de leur tableau par des lames de plomb. Cette école, dis-je, obtiendra des succès, si, docile aux leçons de nos célèbres artistes, elle dirige les travaux des élèves sur des dessins d'un style pur et d'un bon goût.

En entrant dans la salle du dix-septième siècle, les peintures sur verre qui frappent la vue sont les belles compositions d'Eustache Le Sueur, peintes en grisailles par François Perrin, représentant le jugement et le supplice des saints Gervais et Protais. Nommer le célèbre Le Sueur, c'est faire la description des chefs-d'œuvres qui sont sortis de ses pinceaux: composition noble, grande et bien entendue; dessin correct, élégant; expressions senties, vigoureuses, sans grimaces; attitudes simples et naturelles; voilà ce qui constitue les deux dessins de Le Sueur, dont je donne ici les gravures. Viennent ensuite trois tableaux arabesques, ornés chacun d'un petit sujet d'histoire; ceux qui ornent les deux principaux sont relatifs à la vie de saint Gervais: grace, finesse, tout est réuni dans ces deux espèces de camées, que l'on prendrait pour des productions de Raphaël. Les figures du troisième, dans une proportion plus grande, représentent la fuite de la Vierge en Égypte. Ces belles peintures ornaient une petite chapelle obscure située, à gauche, dans l'église paroissiale de Saint-Gervais à Paris.

Les tableaux suivans, émaillés en grande partie, sont de Sempy et Michu, qui les ont exécutés d'après les cartons d'Élye ou Mathieu Elyas, [1] peintre flamand ; ils représentent des sujets pris dans la vie de Dom Jean de la Barrière, qui se fit religieux, après avoir servi en qualité de Pandoure. Le premier de ceux que j'ai placés dans cette salle représente le saint abbé tenant chapitre ; il est placé à la tête de plusieurs religieux feuillans dont il se fit le réformateur. Le second nous fait voir l'intérieur d'un temple dans lequel on fait une procession. Le troisième, l'arrestation du saint abbé, poursuivi par ordre d'Henri III. Et le quatrième, Dom Jean de la Barrière, accompagnant Henri IV. On voit Henri IV à cheval,

[1] Mathieu Elyas ou Élye, peintre, est né au village de Péenne, près Cassel en Flandre, en 1658 ; il mourut à Dunkerque en 1741. Il fut élève de Corbéen, de Dunkerque, qui y peignait l'histoire et le paysage avec succès.

Page 96. Peinture sur verre du XVIIème Siecle.

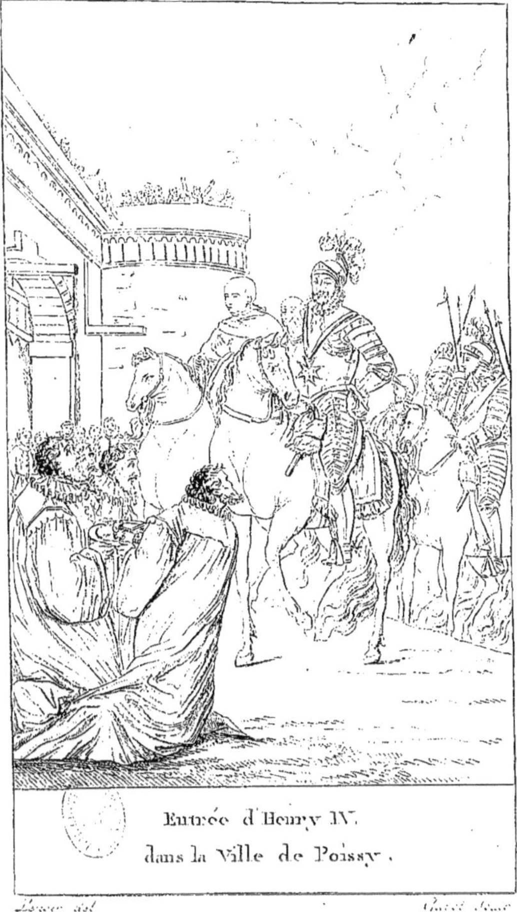

Entrée d'Henry IV.
dans la Ville de Poissy.

accompagné d'un moine, faisant son entrée dans une ville fermée de tours et d'un pont-levis; les échevins de cette ville sont représentés à genoux, lui offrant les clefs dans un plat. On trouve dans les chroniques du temps que, lorsque Henri fit son entrée dans la ville de Poissy, il était accompagné de Dom Jean de la Barrière. Le site représenté par le peintre nous paraît conforme à l'entrée que présente encore la ville de Poissy.

Les dix tableaux de la même grandeur, et de la main de ces deux artistes, que l'on voit dans les galeries de ce Musée, font suite à ceux que je viens de décrire. Ces peintures méritent peu d'éloges sous le rapport des qualités qui constituent l'art du dessinateur : le dessin est lourd, les expressions froides et sans caractère; mais l'art du peintre verrier mérite d'être remarqué. Les couleurs sont bien fondues, vigoureuses, et le clair-obscur parfaitement entendu. « Benoît Michu soutenait alors dans Paris la réputation d'habile peintre sur verre, par le travail le plus assidu : je n'ai pu découvrir le lieu ni le temps de sa naissance; on croit néanmoins qu'il était Parisien, fils et élève d'un Flamand, peintre sur verre. Ce que j'en sais de plus certain, c'est qu'il fut reçu, en 1677, maître vitrier peintre sur verre, à Paris, où il tenait une boutique de vitrerie, et qu'il est mort, dans un âge fort avancé, en 1730. »

Le Vieil parle d'un religieux bénédictin de la congrégation de Saint-Maur, nommé Pierre Regnier, qui passait pour avoir un certain talent dans la peinture sur verre; il s'était formé de lui-même, d'après les vitraux de l'abbaye de Saint-Denis, dont il était frère convers. Il s'appliqua particulièrement à la restauration des anciens vitraux qui décoraient les églises de son ordre, et à imiter la manière de chaque maître. Cet artiste, qui dessinait passablement, enchaîné par l'observance des règles de la maison, n'a jamais rien produit de lui-même; il mourut en avril 1766.

PSYCHÉ ET CUPIDON.

De tous les vitraux que renferme le Musée des Monumens Français, ceux qui représentent les amours de Psyché et de Cupidon, exécutés sur les dessins de Raphaël, offrent sans doute la suite la plus précieuse du Musée, et celle sur laquelle le critique aura le moins à s'exercer. La réputation colossale du premier peintre du monde est assez accréditée pour fixer d'une manière certaine l'attention des amateurs sur les gravures des chefs-d'œuvres qui forment la principale partie de cet ouvrage. Nous ne les offrons ici que comme une traduction fidelle des vitraux qui ornaient la belle galerie du château d'Ecouen, qui furent exécutés en 1541 et 1542, suivant les dates dont ils sont chargés, d'après les dessins de l'immortel Raphaël, par le célèbre chimiste Palissy, qui joignait à ses rares talens et à ses hautes connaissances l'art de peindre sur verre. Cependant nous n'osons pas affirmer que les vitraux dont nous parlons soient sortis de son pinceau; mais ce qu'il y a de certain, c'est qu'il dit lui-même, dans ses ouvrages, qu'il a peint des vitres sur les dessins de

Raphaël, pour le château d'Ecouen. M'étant chargé de la majeure partie des dessins, j'ai cherché à être plus exact dans mes copies, que rédacteur des originaux, qui présentent beaucoup d'incorrections occasionnées, autant par la fusion du verre à la cuisson, qui a souvent diminué la pureté du trait, que par la mal-adresse de mauvais restaurateurs. Enfin, secondé par les talens des citoyens Guyot et Bureau, graveurs et dessinateurs, nous espérons fixer encore l'attention des amis des arts, après les gravures que le célèbre Marc-Antoine[1] a faites de cette collection précieuse. Nous observons aussi que nos gravures présentent un nouvel intérêt, en ce que les sujets, particulièrement composés pour des places données, sont divisés autrement que ceux de Marc-Antoine; qu'ils présentent des chan-

[1] Marc-Antoine Raimondi est né à Florence; il fut élève de François Francia, et devint en peu de temps très-habile dans le dessin. La vue des gravures d'Albert Durer lui donna du goût pour cet art; il s'y livra entièrement, et n'eut point d'autre maître que les productions du peintre allemand, qu'il imitait au point de tromper les yeux les plus exercés. Cependant, s'étant formé une manière à lui, il s'attacha particulièrement à graver les productions de Raphaël, qu'il rendit avec une grande précision.

gemens considérables dans les fonds, et des variantes heureuses : ce qui nous autorise à croire que Raphaël a composé sur ce sujet des dessins doubles et particuliers pour le connétable Anne de Montmorency. Nous sommes d'autant plus fondés à penser ce que nous avançons, que nous trouvons dans la belle collection de ces vitraux, cinq compositions entièrement neuves qui portent bien le caractère du génie et du dessin de Raphaël, et qui ne se trouvent point dans la suite connue de Marc-Antoine; de manière que nous les publions pour la première fois.

La fable de Psyché et Cupidon, tirée de l'Ane d'Or d'Apulée, est assez connue; nous nous dispenserons de rappeler ici tout ce qui a été imprimé sur ce sujet dans les différentes traductions qui ont successivement paru pendant les deux siècles qui se sont écoulés depuis l'exécution des peintures de Raphaël. Nous osons encore moins offrir au public une nouvelle traduction de ce charmant ouvrage, après celle que vient de publier le citoyen Delaunay, qui l'a ornée de belles gravures, faites sous la direction du citoyen Girodet, élève distingué du célèbre David. Apulée adopta la morale de Platon, qui était fort en vogue à Rome de son temps, et l'on a cru découvrir dans sa fable de Cupidon et Psyché des mystères analogues au systême du philosophe athénien. Par exemple, dans la ville dont il parle, on a vu le monde ; l'esprit et la matière dans le roi et la reine; l'amitié intelligente dans Psyché; et le principe actif de toute chose dans l'Amour : comme on a vu aussi deux substances matérielles dans les deux sœurs de Psyché, etc. Je m'arrête; je m'éloignerais de mon but, et je m'égarerais, peut-être, si je cherchais à donner à cette fiction allégorique un sens qui ne serait pas celui de l'auteur. Nous nous bornerons donc à rapporter ici les quatrains et les huitains tels qu'ils sont peints au bas de chaque tableau, en y joignant quelques pièces de vers que La Fontaine a faites sur le même sujet, et qui pourront servir à l'intelligence de quelques-uns d'eux.

HUITAINS

PEINTS AU BAS DES VITRAUX.

Apuleus a descrit une fable,
Luy transformé, gentement poursuyuie,
D'une espousee elegante et aymable
Par des brigans furtiuement suyuie,
Qui fut le jour de ses noces rauie.
Puys une vieille ayant la garde d'elle,
Pour diuertir un someil qui l'ennuye
Luy vint conter de Psyché la nouuelle.

Un roy et royne ont trois filles bien nées,
Et toutes trois d'exellente beauté.
Les deulx en sont heureusement ornées :
Mais la plus jeune a le prix emporté.
Car au visage eut tant de déité
Que pour Venus maint peuple l'adora.
Venus contre elle a Amour irrité
Et par amour d'elle se vengera.

Voici comment La Fontaine a rendu ce passage :

Mon fils,[1] dit-elle, en lui baisant les yeux,
La fille d'un mortel en veut à ma puissance :
Elle a juré de me chasser des lieux
Où l'on me rend obéissance.
Et qui sait si son insolence

[1] Vénus, courroucée contre Psyché, parle ainsi à l'Amour.

N'ira pas jusqu'au point de me vouloir ôter
Le rang que dans les cieux je pense mériter?

Paphos n'est plus pour moi qu'un séjour importun:
Des Graces et des Ris la troupe m'abandonne;
Tous les Amours, sans en excepter un,
S'en vont servir cette personne.
Si Psyché veut notre couronne,
Il faut la lui donner; elle seule aussi bien
Fait en Grèce à présent votre office et le mien.
L'un de ces jours je lui vois pour époux,
Le plus beau, le mieux fait de tout l'humain lignage,
Sans le tenir de vos traits ni de vous,
Sans vous en rendre aucun hommage;
Il naîtra de leur mariage
Un autre Cupidon, qui d'un de ses regards
Fera plus mille fois que vous avec vos dards.

Prenez-y garde; il vous y faut songer:
Rendez-la malheureuse; et que cette cadette,
Malgré les siens, épouse un étranger
Qui ne sache où trouver retraite,
Qui soit laid, et qui la maltraite;
La fasse consumer en regrets superflus,
Tant que ni vous ni moi nous ne la craignions plus.

Ces deulx seurs sont pourueuës haultement,
Et d'aultant mieulx que moins ont eu de bruit,
Psiché de tous louée grandement
Demeure seulle, nul ne la poursuyt.
Beauté qui deust plus ayder plus luy nuyt,
Et son grant heur la rend très-malheureuse:
Sa fleur flestrit et desseiche sans fruit,
Par quoy viuoit à soy mesme odieuse.

Le roy son pere estonné et marry
Va à l'oracle et sacrifie aux dieux
En demandant pour sa fille un mary.
On luy respond Psiché doit pour le mieux
Avoir espoux, qui soit venu des cieux,
Et sur ce mont avec ce mortuaire
La faut mener sans habitz précieux
Au dieu qui vole et n'a bien qu'à mal faire.

L'Époux que les destins gardent à votre fille
Est un monstre cruel qui déchire les cœurs,
Qui trouble maint état, détruit mainte famille,
Se nourrit de soupirs, se baigne dans les pleurs.

A l'univers entier il déclare la guerre,
Courant de bout en bout, un flambeau dans la main :
On le craint dans les cieux, on le craint sur la terre,
Le Styx n'a pu borner son pouvoir souverain.
C'est un empoisonneur, c'est un incendiaire,
Un tyran qui de fers charge jeunes et vieux.
Qu'on lui livre Psyché; qu'elle tâche à lui plaire :
Tel est l'arrêt du Sort, de l'Amour et des Dieux.

Menez-la sur un roc, au haut d'une montagne,
En des lieux où l'attend le monstre son époux;
Qu'une pompe funèbre en ces lieux l'accompagne :
Car elle doit mourir pour ses sœurs et pour vous..

Ceste responce a l'ennuy redoublé
Et ses parens en ont mené tel dueil,
Que le palays royal en est troublé,
Le peuple crie et jette larmes d'œil,

Voyant Psiché conduite à tel accueil
(Qui néantmoins les assistans conforte)
Ses noces sont obseques et cercueil,
Encore vivante a nom de femme morte.

C'est au silence seul d'exprimer les adieux
Des parens de la belle, au partir de ces lieux.
Je ne décrirai point ni leur douleur amère,
Ni les pleurs de Psyché, ni les cris de sa mère,
Qui, du fond des rochers, renvoyés dans les airs,
Firent de bout en bout retentir ces déserts.
Elle plaint de son sang la cruelle aventure,
Implore le Soleil, les astres, la Nature;
Croit fléchir par ses cris les auteurs du destin :
Il lui faut arracher sa fille de son sein.
Après mille sanglots enfin l'on les sépare.

Le Soleil, las de voir ce spectacle barbare,
Précipite sa course, et, passant sous les eaux,
Va porter la clarté chez des peuples nouveaux.
L'horreur de ces déserts s'accroît par son absence:
La Nuit vient sur un char conduit par le Silence;
Il amène avec lui la crainte en l'univers.

Le doux Zefire enfle son vestement
Et l'a souflée où fortune la meine :
Après avoir reposé doucement,
Elle apperçut le boys et la fontaine
Près d'un palays fait de main plus qu'humaine,
Où une voix sans rien voir entendit :
Va te baigner Psiché et sois certaine
D'avoir icy bon pouvoir et credit.

Elle obeist à la voix incogneuë,
Croyant que c'est des dieux la volunté:
Et s'est au bain lauée toute nuë,
N'y voyant rien de main d'homme apresté.
Sans s'esbahir de telle nouveauté,
Son chef aussi a voulu perfumer
D'odeurs rempliz de grand suauité
Pendant qu'Amour vient son cœur allumer.

Un peu apres reuestuë, et coiffée,
Elle s'assied et n'aperçoit personne:
La table fut de tous metz étoffée,
Et un accord de plusieurs uoix resonne
Qui la recrée et grand plaisir luy donne.
Mais point ne sçait s'il y a trahison,
Ne si Amour pour son bien l'enuironne,
Ne si c'est miel ou si c'est du poison.

Air chanté par les voix inconnues.

Tout l'Univers obéit à l'Amour;
Belle Psyché, soumettez-lui votre ame.
Les autres dieux à ce dieu font la cour,
Et leur pouvoir est moins doux que sa flamme.
Des jeunes cœurs c'est le supréme bien:
Aimez, aimez; tout le reste n'est rien.

Sans cet Amour, tant d'objets ravissans,
Lambris dorés, bois, jardins et fontaines,
N'ont point d'appas qui ne soient languissans,
Et leurs plaisirs sont moins doux que ses peines.
Des jeunes cœurs c'est le suprême bien:
Aimez, aimez; tout le reste n'est rien.

Description du palais de Psyché.

On fit ses murs d'un marbre aussi blanc que l'albâtre,
Les dedans sont ornés d'un porphyre luisant.
Ces ordres dont les Grecs nous ont fait un présent,
Le dorique sans fard, l'élégant ionique,
Et le corinthien superbe et magnifique,
L'un sur l'autre placés, élèvent jusqu'aux cieux
Ce pompeux édifice, où tout charme les yeux.
Pour servir d'ornement à ses divers étages,
L'architecte y posa les vivantes images
De ces objets divins, Cléopâtre, Phrinés,
Par qui sont les héros en triomphe menés.
Ces fameuses beautés dont la Grèce se vante,
Celles que le Parnasse en ces fables nous chante,
Ou de qui nos romans font de si beaux portraits,
A l'envi, sur le marbre étalaient leurs attraits.
L'enchanteresse Armide, héroïne du Tasse,
A côté d'Angélique avait trouvé sa place.
On y voyait sur-tout Hélène au cœur léger,
Qui causa tant de maux pour un prince berger.
Psyché, dans le milieu, voit aussi sa statue,
De ces reines des cœurs pour reine reconnue :
La belle, à cet aspect, s'applaudit en secret,
Et n'en peut détacher ses beaux yeux qu'à regret.
Mais on lui montre encor d'autres marques de gloire :
Là ses traits sont de marbre, ailleurs ils sont d'ivoire.
Les disciples d'Arachne, à l'envi des pinceaux,
En ont aussi formé de différens tableaux.
Dans l'un, on voit les Ris divertir cette belle ;
Dans l'autre, les Amours dansent à l'entour d'elle :
Et sur cette autre toile, Euphrosine et ses sœurs
Ornent ses blonds cheveux de guirlandes de fleurs.

Enfin, soit aux couleurs, ou bien dans la sculpture,
Psyché dans mille endroits rencontre sa figure;
Sans parler des miroirs et du cristal des eaux,
Que ses traits imprimés font paraître plus beaux.

Description des jardins.

Assemblez, sans aller si loin,
Vaud, Liancourt et leurs nayades;
Y joignant, en cas de besoin,
Ruel, avecque ses cascades :
Cela fait, de tous les côtés,
Placez, en ces lieux enchantés,
Force jets affrontant la nue,
Des canaux à perte de vue.
Bordez-les d'orangers, de myrtes, de jasmins,
Qui soient aussi géans que les nôtres sont nains :
Entassez-en des pépinières;
Plantez-en des forêts entières;
Des forêts où chante, en tout temps,
Philomèle, honneur des bocages,
De qui le règne, en nos ombrages,
Naît et meurt avec le printemps;
Mêlez-y les sons éclatans
De tout ce que les bois ont d'agréables chantres.
Chassez de ces forêts les sinistres oiseaux;
Que les fleurs bordent leurs ruisseaux;
Que l'Amour habite leurs antres.
N'y laissez entrer toutefois
Aucune hôtesse de ces bois,
Qu'avec un paisible Zéphyre,
Et jamais avec un Satyre.

Point de tels amans dans ces lieux ;
Psyché s'en tiendrait offensée :
Ne les offrez point à ses yeux,
Et moins encore à sa pensée !
Qu'en ce canton délicieux,
Flore et Pomone, à qui mieux mieux,
Fassent montre de leurs richesses ;
Et que ce couple de déesses
Y renouvelle ses présens
Quatre fois au moins tous les ans.
Que tout y naisse sans culture ;
Toujours fraîcheur, toujouts verdure ;
Toujours l'haleine et les soupirs
D'une brigade de Zéphyrs.

Quand il fut nuict et le lict bien paré,
Psiché se couche, Amour la vient chercher :
En laissant trousse et dard bien acéré,
Entre ses bras nu à nu vient coucher.
Qui l'eust alors gardé de lui toucher ?
Il luy promet et jure un grand serment,
D'estre à jamais le sien espoux tres cher,
Dont prise fut : mais voluntairement.

Au poinct du jour la belle est esueillée,
Cuydant baiser son amy doucement :
Mais il auoit ja dressé sa vollée
Pour s'en aller deuers le firmament.
A son resueil dames bien promptement
La vont vestir de robe precieuse,
Dressent aussi son poil blond gentement.
Adonc en soy dit qu'elle est tres heureuse.

En ce palays ses sœurs pleines d'envie
Dessus les ventz descendent doucement,
Pour descouurir la bienheureuse vie
Qu'Amour vouloit mener couuertement,
Psiché leur fist gracieux traitement :
Mais par acueil et thesors presentez
Impossible est d'apaiser le tourment
Que fait enuie en faintes voluntez.

Qui receuez amoureuses douceurs
Et les loyers d'un labeur enduré,
Ne vous fiez en freres, ny en sœurs,
Ny en conseil d'un amy parjuré.
Voyez les sœurs d'un visage assuré
Faindre qu'Amour est serpent deshonneste :
Psiché le creut et de cueur conjuré
Delibera de lui trancher la teste.

Les voici, dit ce couple,[1] et nous vous assurons
De la clarté que fait la lampe.
Pour le poignard, il est des bons,
Bien affilé, de bonne trempe.
Comme nous vous aimons, et ne négligeons rien,
Quand il s'agit de votre bien,
Nous avons eu le soin d'empoisonner la lame :
Tenez-vous sûre de ses coups ;
C'est fait du monstre, votre époux,
Pour peu que ce poignard l'entame.
A ces mots, un trait de pitié
Toucha le cœur de notre belle :
Je vous rends grace, leur dit-elle,
De tant de marques d'amitié.

[1] Les sœurs de Psyché.

Le glaiue prest, tenant la lampe ardente,
Psiché venoit pour tuer le serpent :
Cogneut Amour, le voyant se repent,
Et curieuse un peu plus que contente
Pique son doit d'une fleche poignante :
Puys a reuoir ce petit dieu reuient
Lequel brulé par huyle estincellente,
S'esueille et part, elle en vain le retient.

A pas tremblans et suspendus,
Elle arrive enfin où repose
Son époux aux bras étendus,
Époux plus beau qu'aucune chose :
C'était aussi l'Amour ; son teint, par sa fraîcheur,
Par son éclat, par sa blancheur,
Rendait les lis jaloux, faisait honte à la rose.
Avant que de parler du teint,
Je devais vous avoir dépeint,
Pour aller par ordre en l'affaire,
La posture du dieu. Son col étoit penché :
C'est ainsi que le Somme en sa grotte est couché :
Ce qu'il ne fallait pas vous taire.
Ses bras à demi-nus étalaient des appas,
Non d'un Hercule ou d'un Atlas,
D'un Pan, d'un Silvain ou d'un Faune,
Ni même ceux d'une Amazone ;
Mais ceux d'une Vénus à l'âge de vingt ans.
Ses cheveux épars et flottans,
Et que les mains de la Nature
Avaient frisés à l'aventure,
Celles de Flore parfumés,
Cachaient quelques attraits dignes d'être estimés ;

Mais Psyché n'en était qu'à prendre plus facile :
Car pour un qu'ils cachaient, elle en soupçonnait mille.
Leurs anneaux, leurs boucles, leurs nœuds,
Tour à tour de Psyché reçurent tous des vœux :
Chacun eut à part son hommage.
Une chose nuisit pourtant à ses cheveux ;
Ce fut la beauté du visage.
Que vous dirai-je ! et comment
En parler assez dignement ?
Suppléez à mon impuissance.
Je ne vous aurais d'aujourd'hui
Dépeint les beautés de celui
Qui des beautés a l'intendance.
Que dirais-je des traits où les ris sont logés ?
De ceux que les Amours ont entre eux partagés ?
Des yeux aux brillantes merveilles,
Qui sont les portes du desir ?
Et sur-tout des lèvres vermeilles,
Qui sont les sources du plaisir ?

A TERRE cheut à triste œil le conduit,
Puys se jettant dans l'eau de haulte riue
Veult que la mort de tant de maulx la priue,
Sa volunté le doux fleuve esconduit,
Qui d'une part en l'autre la reduit,
Où Pan chantoit, lequel de bonne sorte
A lui conter ses fortunes l'induit :
Mais rien qu'Amour d'amours ne la conforte.

Psyché, abandonnée par l'Amour, contait ainsi ses peines :

QUE nos plaisirs passés augmentent nos supplices !
Qu'il est dur d'éprouver, après tant de délices,

Les cruautés du sort!
Fallait-il être heureuse avant qu'être coupable?
Et si de me haïr, Amour, tu fus capable,
Pourquoi m'aimer d'abord?

Que ne punissais-tu mon crime par avance!
Il est bien temps d'ôter à mes yeux ta présence,
Quand tu luis dans mon cœur.
Encor si j'ignorais la moitié de tes charmes?
Mais je les ai tous vus; j'ai vu toutes les armes
Qui te rendent vainqueur.

J'ai vu la beauté même et les graces dormantes.
Un doux ressouvenir de cent choses charmantes
Me suit dans les déserts.
L'image de ces biens rend mes maux cent fois pires.
Ma mémoire me dit: Quoi, Psyché, tu respires
Après ce que tu perds?

Cependant il faut vivre; Amour m'a fait défense
D'attenter sur des jours qu'il tient en sa puissance,
Tout malheureux qu'ils sont.
Le cruel veut, hélas! que mes mains soient captives.
Je n'ose me soustraire aux peines excessives
Que mes remords me font.

C'est ainsi qu'en un bois, Psyché contait aux arbres
Sa douleur dont l'excès faisait fendre les marbres
Habitans de ces lieux.
Rochers, qui l'écoutiez avec quelque tendresse,
Souvenez-vous des pleurs, qu'au fort de sa tristesse
Ont versés ses beaux yeux.

Psiché errant comme une pauvre dame
Vient vers ses sœurs, et par fainte leur conte
L'outrage grand, le deshonneur, et blasme,
Que luy a fait son mary et la honte.
A l'escouter chacune fut trop prompte,
Et desirant d'Amour estre espousée,
Soudainement sur le hault rocher monte,
Au choir duquel elle fut desbrisée.

Dedans la mer sur deux dauphins assise
Se pourmenoit Venus enuironnée
De dieux marins et nymphes aornée,
Quand la Mouette à son oreille mise
Dist Venus : D'un malheur je t'auise
C'est que ton filz est au lict fort blecé,
Et toy ici : tout le monde en deuise,
Qui sans toy est de grace delaissé.

Cent tritons la suivant, jusqu'au port de Cythère,
Par leurs divers emplois s'efforcent de lui plaire.
L'un nage à l'entour d'elle; et l'autre, au fond des eaux,
Lui cherche du corail et des trésors nouveaux.
L'un lui tient un miroir fait de cristal de roche:
Aux rayons du soleil l'autre en défend l'approche.
Palémon, qui la guide, évite les rochers;
Glauque de son cornet fait retentir les mers;
Thétis lui fait ouïr un concert de sirènes:
Tous les vents, attentifs, retiennent leurs haleines;
Le seul Zéphire est libre; et, d'un souffle amoureux,
Il caresse Vénus, se joue à ses cheveux:
Contre ses vêtemens parfois il se courrouce.
L'onde, pour la toucher, à longs flots s'entre-pousse;

Et d'une égale ardeur chaque flot, à son tour,
S'en vient baiser les pieds de la mère d'Amour.

VENUS s'en vient deuers son filz Amour
L'interroger, pourquoy luy fait ce tour
De prendre ainsi pour espouse et amye
Celle qui est sa plus grande ennemye.
Puys par despit en courroux a juré
De luy oster feu, trousse et arc doré,
Ce dit s'en va, et recite aux déesses
De son enfent Cupido les finesses.

VENUS au ciel par colombes portée
De Jupiter impetre son Mercure,
Qui deust bannir Psiché desconfortée
Par un cartel plain de telle escriture :
Nous banissons Psiché pour forfaiture
De tous les lieux où soleil passera,
Et cependant sept baisers par droiture
Venus promet à qui l'enseignera.

DE par la reine de Cythère,
Soient, dans l'un et l'autre hémisphère,
Tous humains dûment avertis,
Qu'elle a perdu certaine esclave blonde,
Se disant femme de son fils,
Et qui court à présent le monde.
Quiconque enseignera sa retraite à Vénus,
(Comme c'est chose qui la touche)
Aura trois baisers de sa bouche;
Qui la lui livrera, quelque chose de plus.

SUIVANT Psiché de son amy la trace
Trouue Ceres, s'humilie et met peine,
D'ordonner faulx, rateaulx, orge et aueine,
Qu'elle aportoit en desordre en la place :
Voyant son mal indigne de sa face
Dame Ceres l'eust volontiers recuë
Mais par faveur de Venus qui efface
Tout jugement, fut charité vaincuë.

DEVANT Juno qui en son temple estoit
Remply de vœux et de mainte despouille,
Psiché mercy demandant s'agenouille,
Contant le mal que par amour sentoit.
De son trauail Juno se contristoit,
Et eust changé en ioye sa tristesse :
Mais pour l'honneur qu'elle à Venus portoit,
La fist sortir du temple sans rudesse.

AYANT Psiché par mont et par vallée
Quis son amy, enfin s'en est allée
Vers le pallays de Venus triomphant
Estimant bien y trouver son enfant :
Mais las? au lieu d'y auoir reconfort,
Moquée fut, et fessée bien fort
De part Venus, qui de deuil se gratoit
De quoy assez chacun ne la batoit.

Première punition de Psyché.

LA, les lis lui servaient de trône et d'oreillers,
Des escadrons d'Amours, chez Psyché familiers,

Furent chassés de cet asile.
Le pleurer leur fut inutile.
Rien ne put attendrir les trois filles d'enfer :
Leurs cœurs furent d'acier, leurs mains furent de fer,
La belle eut beau souffrir, il fallut que ses peines
Allassent jusqu'au point que les sœurs inhumaines
Craignirent que Clothon ne survînt à son tour.
Ah! trop impitoyable Amour!
En quels lieux étais-tu? dis, cruel? dis barbare?
C'est toi, c'est ton plaisir qui causa sa douleur ;
Oui, tigre, c'est toi seul qui t'en dois dire auteur :
Psyché n'eut rien souffert sans ton courroux bizarre.
Le bruit de ses clameurs s'est au loin répandu;
Et tu n'en as rien entendu!
Pendant tous ses tourmens tu dormais, je le gage;
Car ta brûlure n'était rien.
La belle en a souffert mille fois davantage,
Sans l'avoir mérité si bien.
Tu devais venir voir empourprer cet albâtre :
Il fallait amener une troupe de Ris;
Des souffrances d'un corps dont tu fus idolâtre,
Vous vous seriez tous divertis.
Hélas! Amour, j'ai tort. Tu répandis des larmes,
Quand tu sus de Psyché la peine et le tourment;
Et tu lui fis trouver un baume pour ses charmes,
Qui la guérit en un moment.

~~~~~~

Venus despite apres luy fist bailler
Un grand monceau de diuers grains meslez,
Luy commandant de tost les demesler,
Et mettre aux lieux pour eux apareillez,
~~~~~~

Or sont venuz les fromiz esueillez
Pour acheuer ceste tasche baillée :
Ce qu'ilz ont fait et puis s'en sont allez
Dont trop en est Venus esmerueillée.

Seconde punition de Psyché. — Les fourmis viennent la délivrer de son travail.

Il en vient [1] des climats où commande l'Auroré,
De ceux que ceint Thétis, et l'Océan encore :
L'Indien dégarnit toutes ses régions ;
Le Garamante envoie aussi ses légions :
Il en part du couchant des nations entières ;
Le nord ni le midi n'ont plus de fourmilières ;
Il semble qu'on en ait épuisé l'univers :
Les chemins en sont noirs, les champs en sont couverts ;
Maint vieux chêne en fournit des cohortes nombreuses ;
Il n'est arbre mangé qui, sous ses voûtes creuses,
Souffre que de ce peuple il reste un seul essain :
Tout déloge, et la terre en tire de son sein.
L'éthiopique gent arrive, et se partage :
On crée en chaque troupe un maître de l'ouvrage ;
Il a l'œil sur sa bande ; aucun n'ose faillir :
On entend un bruit sourd ; le mont semble bouillir :
Déjà son tour décroît, sa hauteur diminue.
A la soudaineté l'ordre aussi contribue ;
Chacun a son emploi parmi les travailleurs :
L'un sépare le grain que l'autre emporte ailleurs.
Le monceau disparaît, ainsi que par machine ;
Quatre tas différens réparent sa ruine :

---

[1] Des fourmis.

De blé, riche présent qu'à l'homme ont fait les cieux;
De mil, pour les pigeons manger délicieux;
De seigle au goût aigret; d'orge raffraîchissante,
Qui donne aux gens du nord la cervoise engraissante.
Telles l'on démolit les maisons quelquefois:
La pierre est mise à part, à part se met le bois;
On voit comme fourmis gens autour de l'ouvrage.
En son être premier retourne l'assemblage:
Là sont des tas confus de marbres non gravés,
Et là les ornemens qui se sont conservés.

~~~~~~

POUR ces labeurs Venus non moderée,
Luy monstre un bois où paissent grand foyson
De grands moutons à la laine dorée,
Luy commandant auoir de leur toyson.
Un verd roseau luy dit l'ordre et raison
D'en recouurer. O incroyable chose?
Les fiers troupeaux dorment quelque saison
Mais de Venus l'ire point ne repose.

~~~~~~

A PEINE estoit Psiché bien retournée
Du long travail de l'heureuse rapine,
Qu'elle a trouué une boiste ordonnée
Que sa maîtresse enuoye à Proserpine,
Pour rapporter de sa beauté diuine:
Ce que Psiché n'esperant pouuoir faire
De se lancer d'une tour determine:
Mais la tour parle et dresse son affaire.

Psiché croyant la veritable tour
Deux pains ensemble et deux deniers apreste
Pour contenter d'aller et de retour.
Le vieil Charon[1] et le chien deshonneste[2]
Et ne voulant accorder la requeste
D'un importun errant et solitaire
De soulager une chargée beste,
Se contentant de voir et de se taire.

Estant Psiché aux voyes infernales
Aucun esprit ne la peust arrester,
Non mesmement les trois filles fatales
Voulants au long son sort interpreter :
Mais bien prudente elle voulut traiter
Le gros matin Cerberus d'un potaige,
Puys s'en alla. Ne fut elle pas saige?
Il luy falloit en autre lieu troter.

Description des Enfers.

Le royaume des morts a plus d'une avenue ;
Il n'est route qui soit aux humains si connue :
Des quatre coins du monde on se rend aux enfers.
Tysiphone les tient incessamment ouverts.
La faim, le désespoir, les douleurs, le long âge,
Mènent par tous endroits à ce triste passage ;
Et, quand il est franchi, les filles du destin
Filent aux habitans une nuit sans matin.
Orphée a toutefois mérité, par sa lyre,
De voir impunément le ténébreux empire.

[1] Pour Caron.
[2] Cerbère.

Psyché, par ses appas, obtint même faveur;
Pluton sentit pour elle un moment de ferveur:
Proserpine craignit de se voir détrônée,
Et la boîte de fard à l'instant fut donnée.
L'esclave de Vénus, sans guide et sans secours,
Arriva dans les lieux où le Styx fait son cours.
Sa cruelle ennemie eut soin que le Cerbère
Lui lançât des regards enflammés de colère.
Par les monstres d'enfer rien ne fut épargné;
Elle vit ce qu'en ont tant d'autres enseigné:
Mille spectres hideux, les hydres, les harpies,
Les triples Gérions, les manes des Tilies,
Présentoient à ses yeux maint fantôme trompeur
Dont le corps retournait aussitôt en vapeur.
Les cantons destinés aux ombres criminelles,
Leurs cris, leur désespoir, leurs douleurs éternelles;
Tout l'attirail qui suit tôt ou tard les méchans,
La remplirent de crainte et d'horreur pour ces champs.

Là, sur un pont d'airain, l'orgueilleux Salmonée,
Triste chef d'une troupe aux tourmens condamnée,
S'efforçait de passer en des lieux moins cruels,
Et par-tout rencontrait des feux continuels;
Tantale aux eaux du Styx portait en vain sa bouche,
Toujours proche d'un bien que jamais il ne touche;
Et Sysiphe, en sueur, essayait vainement
D'arrêter son rocher, pour le moins un moment.
Là, les sœurs de Psyché, dans l'importune glace
D'un miroir que sans cesse elles avaient en face,
Revoyaient leur cadette heureuse, et dans les bras
Non d'un monstre effrayant, mais d'un dieu plein d'appas:
En quelque lieu qu'allât cette engeance maudite,
Le miroir se plaçait toujours à l'opposite;

Pour les tirer d'erreur leur cadette accourut ;
Mais ce couple s'enfuit sitôt qu'elle parut.
Non loin d'elles, Psyché vit l'immortelle tâche
Où les cinquante sœurs s'exercent sans relâche.
La belle les plaignit, et ne put, sans frémir,
Voir tant de malheureux occupés à gémir.
Chacun trouvait sa peine au plus haut point montée :
Ixion souhaitait le sort de Prométhée ;
Tantale eût consenti, pour assouvir sa faim,
Que Pluton le livrât à des flammes sans fin.
En un lieu séparé l'on voit ceux de qui l'ame
A violé les droits de l'amoureuse flamme,
Offensé Cupidon, méprisé ses autels,
Refusé le tribut qu'il impose aux mortels.
Là, souffre un monde entier d'ingrates, de coquettes ;
Là, Mégère punit les langues indiscrètes ;
Sur-tout ceux qui, tachés du plus noir des forfaits,
Se sont vantés d'un bien qu'on ne leur fit jamais.
Par de cruels vautours l'inhumaine est rongée ;
Dans un fleuve glacé la volage est plongée ;
Et l'insensible expie, en des lieux embrasés,
Aux yeux de ses amans, les maux qu'elle a causés.
Ministres, confidens, domestiques perfides,
Y lassent, sous les fouets, les bras des Euménides.
Près d'eux sont les auteurs de maint hymen forcé ;
L'Amant chiche, et la dame au cœur intéressé ;
La troupe des censeurs, peuple à l'Amour rebelle ;
Ceux enfin dont les vers ont noirci quelques belles.

Ayant passé l'ineuitable porte,
Dont le retour à nul homme est permis,
Deuers la royne au palays se transporte,
Où fait et dit ce qu'on luy a commis:
Près de la royne un siege luy fut mis
En luy offrant et repas et viande:
Mais rien n'en prend ne offert, ne promis,
Fors que la boiste ainsi qu'elle demande.

Psyché parlait ainsi aux divinités infernales:

Vous, sous qui tout fléchit, déités, dont les lois
Traitent également les bergers et les rois:
Ni le desir de voir, ni celui d'être vue,
Ne me font visiter une cour inconnue;
J'ai trop appris, hélas! par mes propres malheurs,
Combien de tels plaisirs engendrent de douleurs.
Vous voyez devant vous l'esclave infortunée
Qu'à des larmes sans fin Vénus a condamnée;
C'est peu pour son courroux des maux que j'ai soufferts,
Il faut chercher encore un fard jusqu'aux enfers:
Reine de ces climats, faites qu'on me le donne;
Il porte votre nom, et c'est ce qui m'étonne.
Ne vous offensez point, déesse aux traits si doux;
On s'apperçoit assez qu'il n'est pas fait pour vous:
Plaire sans fard est chose aux déesses facile;
A qui ne peut vieillir cet art est inutile.
C'est moi qui dois tâcher, en l'état où je suis,
A réparer le tort que m'ont fait les ennuis;
Mais j'ai quitté le soin d'une beauté fatale:
La nature souvent n'est que trop libérale.
Plût au sort que mes traits, à présent sans éclat,
N'eussent jamais paru que dans ce triste état!

Mes sœurs les enviaient : que mes sœurs étaient folles !
D'abord je me repus d'espérances frivoles :
Enfin l'Amour m'aima ; je l'aimai sans le voir :
Je le vis ; il s'enfuit : rien ne put l'émouvoir ;
Il me précipita du comble de la gloire !
Souvenirs de ce temps, sortez de ma mémoire !
Chacun sait ce qui suit. Maintenant, dans ces lieux,
Je viens pour obtenir un fard si précieux :
Je n'en mérite pas la faveur singulière ;
Mais le nom de l'Amour se joint à ma prière.
Vous connaissez ce dieu : qui ne le connaît pas ?
S'il descend, pour vous plaire, au fond de ces climats,
D'une boîte de fard, récompensez sa femme.
Ainsi durent chez vous les douceurs de sa flamme ;
Ainsi votre bonheur puisse rendre envieux
Celui qui pour sa part eut l'empire des cieux.

Ah ! comme il nuist d'estre trop curieuse ?
Psiché pensant acroistre à sa beauté
Ouurit la boiste où peste furieuse
Estoit en dose, et mort et cruauté :
Et si ne fust la grande loyauté
De Cupido qui la releue en voye
Elle mouroit : mais ayant rebouté
Les maux au vase, à Venus la renuoye.

Amour aymant une qu'il fist amante,
Et esprouuant en soy comme aultre il poingt,
A Jupiter fait requeste exprimante
L'ennuy qu'il a de Psiché n'auoir poinct ?

Ce dieu qui s'est souuent veu en ce poinct
En eut pitié, et commande à Mercure
Que tous les dieux à l'instant et à poinct
Souz grosse peine assembler il procure.

Tost fut remply soit par crainte ou deuoir
Des immortelz le celeste pourpris,
Se prend le roy à leur faire sçavoir,
Qu'il a d'enfance Amour en amour pris,
Combien qu'il fut d'inconstance repris :
Et qu'or voulant à Psiché l'arrester,
Il a des deulx l'aliance entrepris,
Pourtant la fait par Mercure aporter.

Grand fut l'effait de la douce ambroisie,
Qui la purgea d'impure humanité :
Grand fut l'honneur, l'acueil, la courtoysie
Qu'elle receut de cette affinité,
Là de plaisirs y eut infinité
Chacun faisant ce que plus le delecte,
Deux nymphes ont par-tout mis et jeté
Mainte fleur belle et fraische viollette.

Quelle parolle, escriture ou pensée
Sçauroit au vray les plaisirs exprimer
D'unne amitié enfin recompensée
Dont le long mal fait le bien estimer ?
Or est en doux conuerty leur amer,
Or ne sont qu'un de corps et volonté
Et de cest un double par bien aymer
Ne peult sortir qu'honneste volupté.

Portrait de la Volupté.

O DOUCE Volupté, sans qui, dès notre enfance,
Le vivre et le mourir nous deviendraient égaux;
Aimant universel de tous les animaux,
Que tu sais attirer avecque violence!
Par toi tout se meut ici bas:
C'est pour toi, c'est pour tes appas,
Que nous courons après la peine.
Il n'est soldat, ni capitaine,
Ni ministre d'état, ni prince, ni sujet
Qui ne t'ait pour unique objet.
Nous autres, nourrissons, si pour fruit de nos veilles,
Un bruit délicieux ne charmait nos oreilles;
Si nous ne nous sentions chatouillés de ce son,
Ferions-nous un mot de chanson?
Ce qu'on appelle gloire, en termes magnifiques,
Ce qui servait de prix dans les jeux olympiques,
N'est que toi proprement, divine Volupté.
Et le plaisir des sens, n'est-il de rien compté?
Pourquoi sont faits les dons de Flore?
Le soleil couchant et l'aurore?
Pomone et ses mets délicats?
Bacchus, l'ame des bons repas?
Les forêts, les eaux, les prairies,
Mères des douces rêveries?
Pourquoi tant de beaux arts, qui tous sont tes enfans?
Mais pourquoi les Cloris aux appas triomphans,
Que pour maintenir ton commerce?
J'entends innocemment: sur son propre desir,
Quelque rigueur que l'on exerce,
Encore y prend-on du plaisir.

Volupté! Volupté, qui fut jadis maîtresse
Du plus bel esprit de la Grèce!
Ne me dédaigne pas, viens-t-en loger chez moi;
Tu n'y seras pas sans emploi :
J'aime le jeu, l'amour, les livres, la musique,
La ville et la campagne; enfin tout : il n'est rien
Qui ne me soit souverain bien,
Jusqu'au sombre plaisir d'un cœur mélancolique.
Viens donc, et de ce bien, ô douce Volupté!
Veux-tu savoir, au vrai, la mesure certaine?
Il m'en faut, tout au moins, un siècle bien compté;
Car trente ans, ce n'est pas la peine.

VARIANTES

QUI SE TROUVENT SUR LES MÊMES VITRAUX.

Icy recite Apulée ungne fable
Bien inuentée et trop mieulx poursuiuie
D'ugne espousée élegante et aimable
Par des brigans furtiuement suiuie.

Qui fut le jour de ses nopces rauie
Et lors la vielle ayant la garde d'elle
Pour auertir ung songe qui l'ennuye
Luy vint compter de Psyché la nouuelle.

Compte a part soy les biens qu'Amour enuoye
Et se maintient sur toute bien heurée
Croiant qu'Amour jamais ne se desuoye
Et que sa foy est ferme et asseurée.

Puis de dormir non d'aimer assouvie
Le jour venu estant Amour en voye
Elle est de gens invisible seruie
Et tost s'acoutre et entre deuil et joye.

Elle pensant qu'a chacun fust permis
Venger le tort que font les enuieuses
En ruinant amyes et amys
Par trahison et façons odieuses.

Rend ses deux sœurs d'amour tant amoureuses
Et le danger du lieu tant dissimule
Qu'y reuoles cuidoient les malheureuses
Mais [1] . . . . .ent se recule.

Et se sentant par abbois aduertir
Que Cerberus veult nouuelle curée
De ses deux [2] ung lui vient départir
Ainsi passa le danger assurée.

---

[1] Il y a ici une lacune occasionnée par accident, et un vitrier, restaurateur mal-adroit, y plaça le morceau d'une vieille inscription qui n'avait aucun rapport avec le sujet; je l'ai fait ôter.

[2] Pains.

Les quatre vers qui précèdent ceux-ci manquent.

FIN DE LA PEINTURE SUR VERRE.

N°. 1.

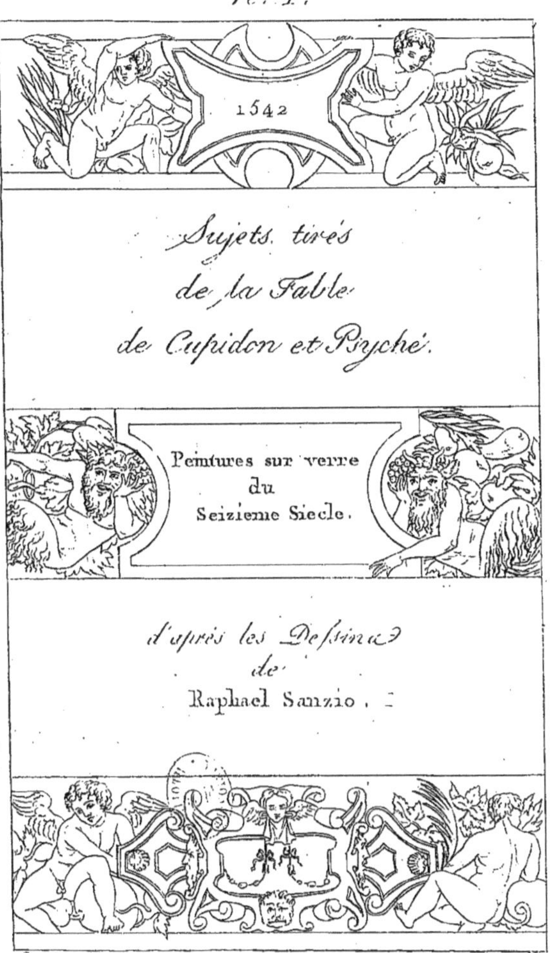
1542
Sujets tirés
de la Fable
de Cupidon et Psyché.
Peintures sur verre
du
Seizieme Siecle.
d'après les Dessins
de
Raphael Sanzio.
Lenoir del.

N.º 1.

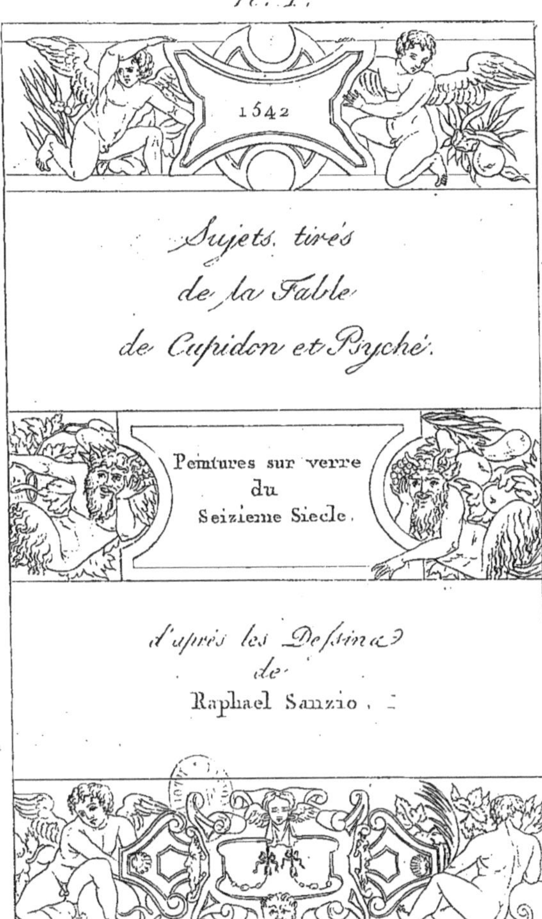

Lenoir del.

N°. 2.

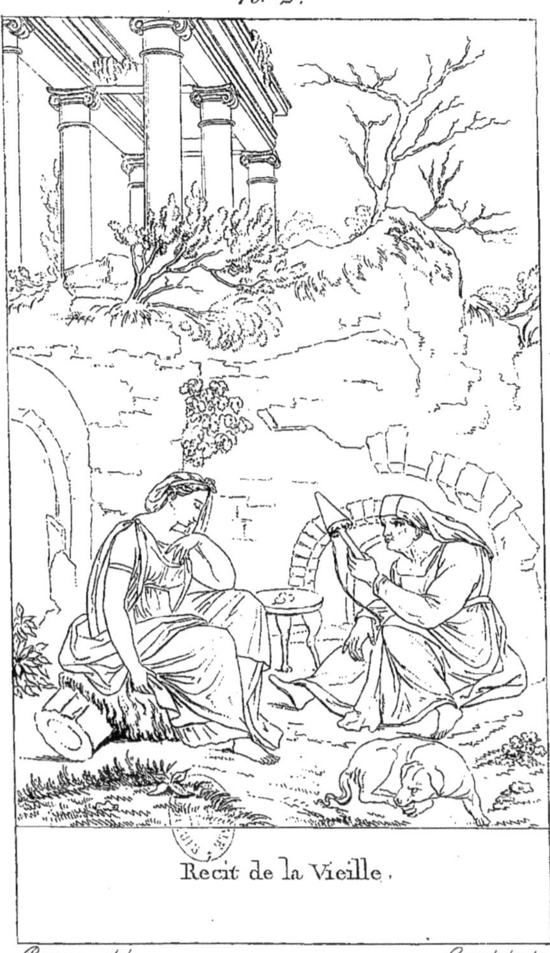

Recit de la Vieille.

Bureau del — Guyot sculp

Pl. 3.

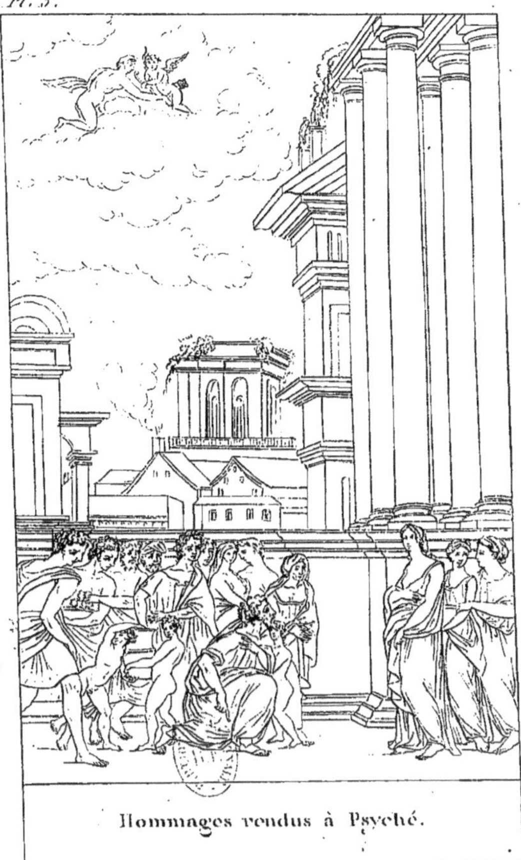

Hommages rendus à Psyché.

L. Guyot Sculp.

N°. 4.

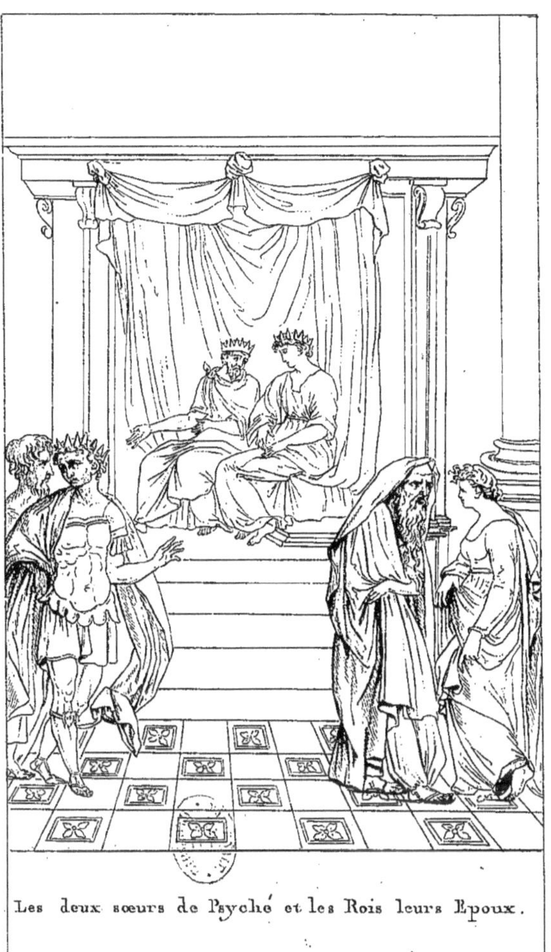

Les deux sœurs de Psyché et les Rois leurs Epoux.

N°. 5.

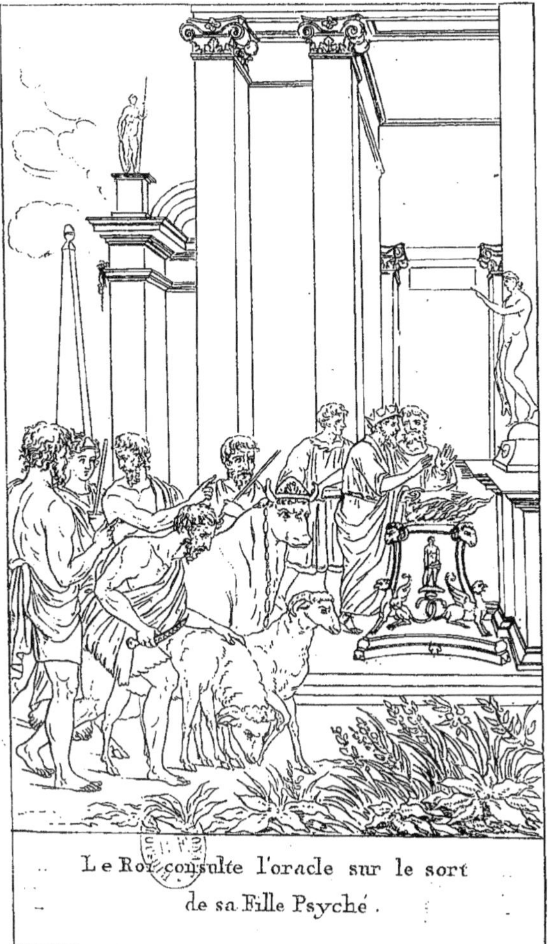

Le Roi consulte l'oracle sur le sort de sa Fille Psyché.

Lenoir del. Guyot sculp.

Nº. 6.

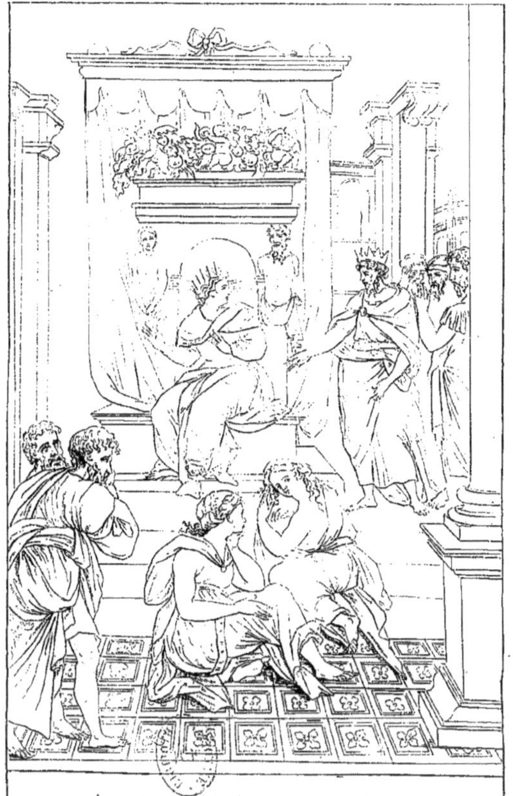

Le père de Psyché déclare à la Reine
les ordres funestes du destin.

N° 7.

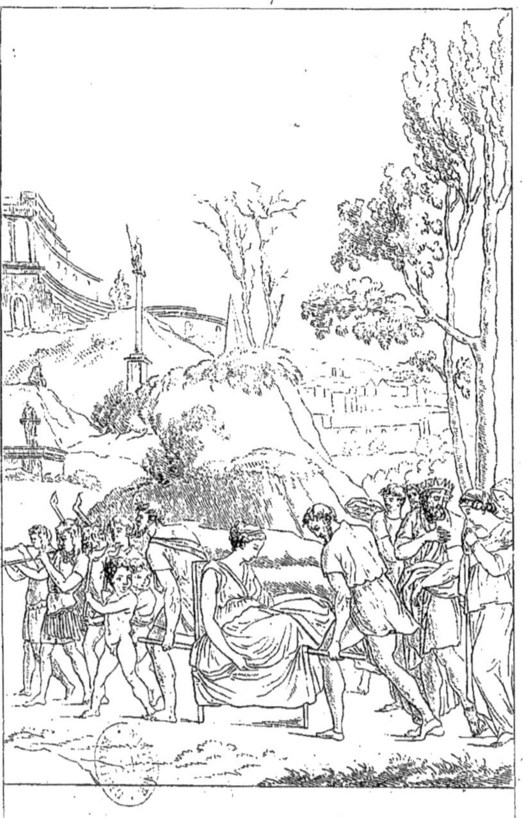

Pompe funèbre des noces de Psyché.

N°. 8.

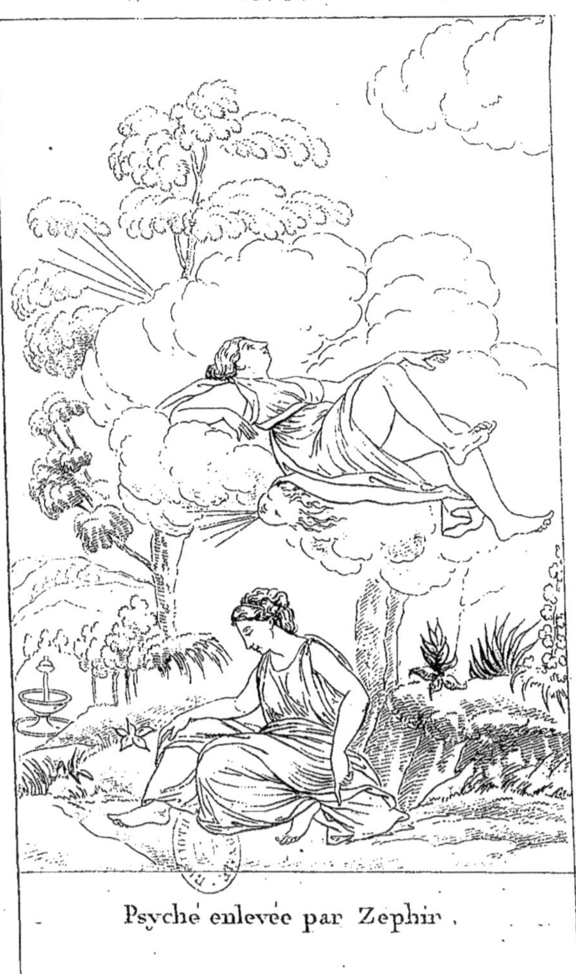

Psyché enlevée par Zephir.

N°. 9.

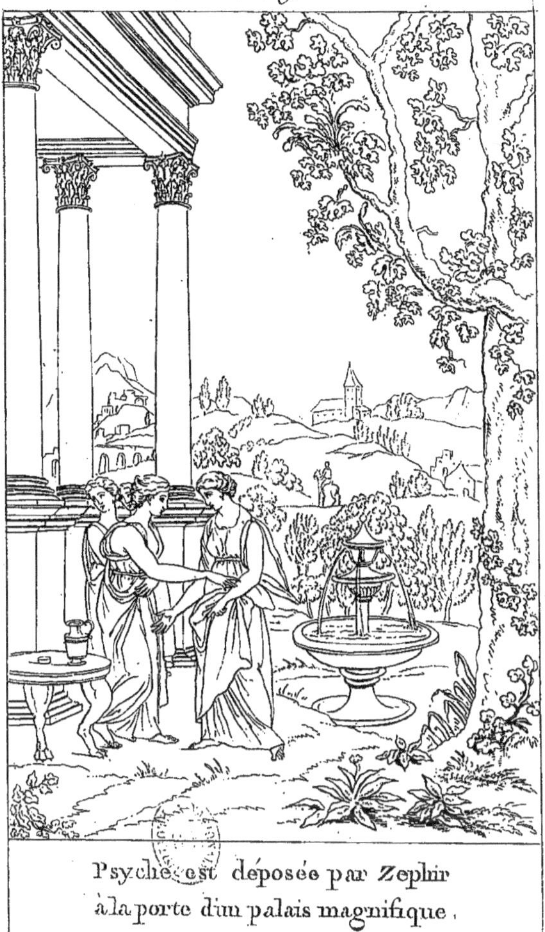

Psyché est déposée par Zephir
à la porte d'un palais magnifique.

Lenoir del. L. G.

N°. 10.

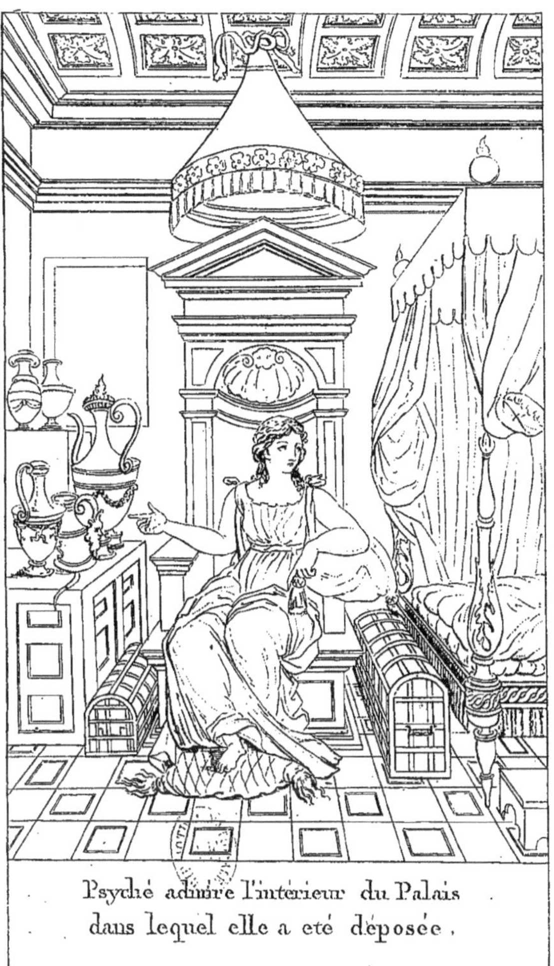

Psyché admire l'intérieur du Palais dans lequel elle a été déposée.

Lenoir del. Guyot sculp.

N°. 11.

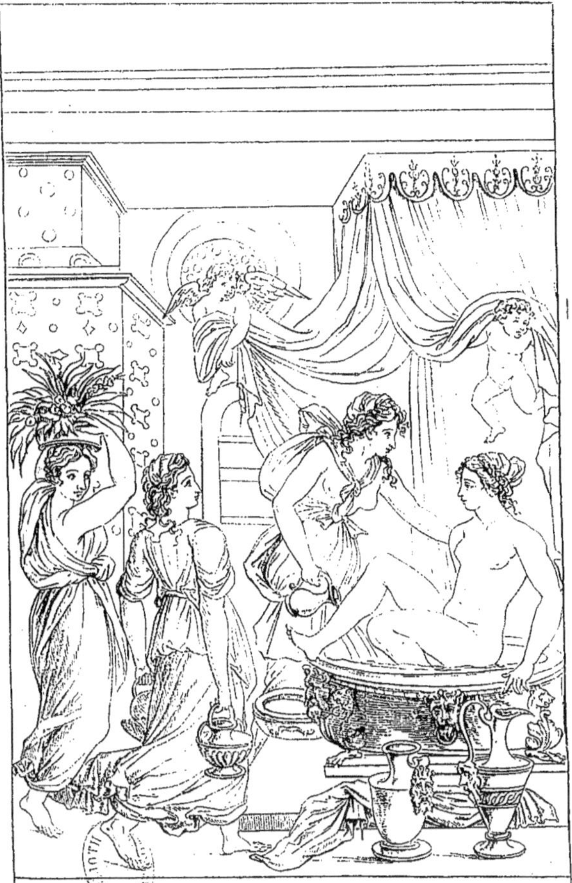

Psyché servie par des personnages invisibles, est introduite dans une salle de bain de la plus riche ordonnance.

Lenoir del.

N°. 12.

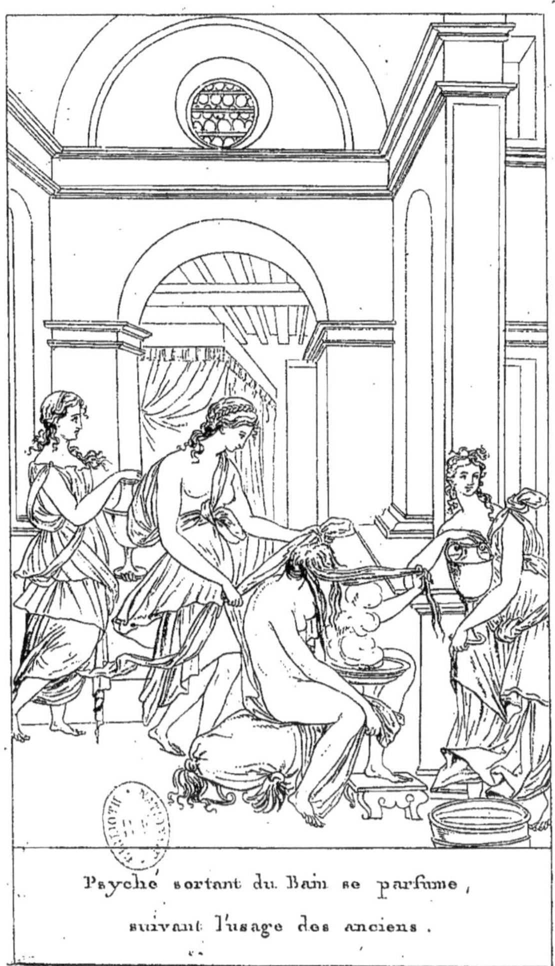

Psyché sortant du Bain se parfume, suivant l'usage des anciens.

Le noir b. L.G.

N°. 13.

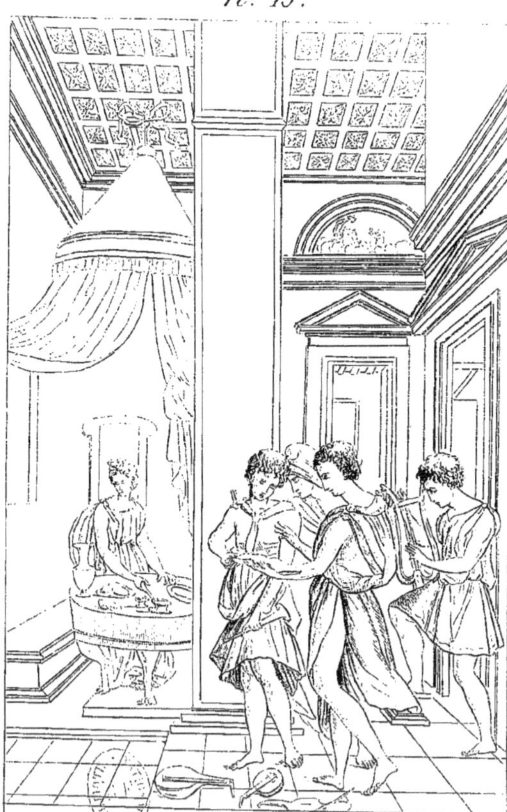

Psyché à table, est servie par des personnages invisibles; des musiciens et des voix inconnues forment un concert mélodieux.

Lenoir del.

N°. 14.

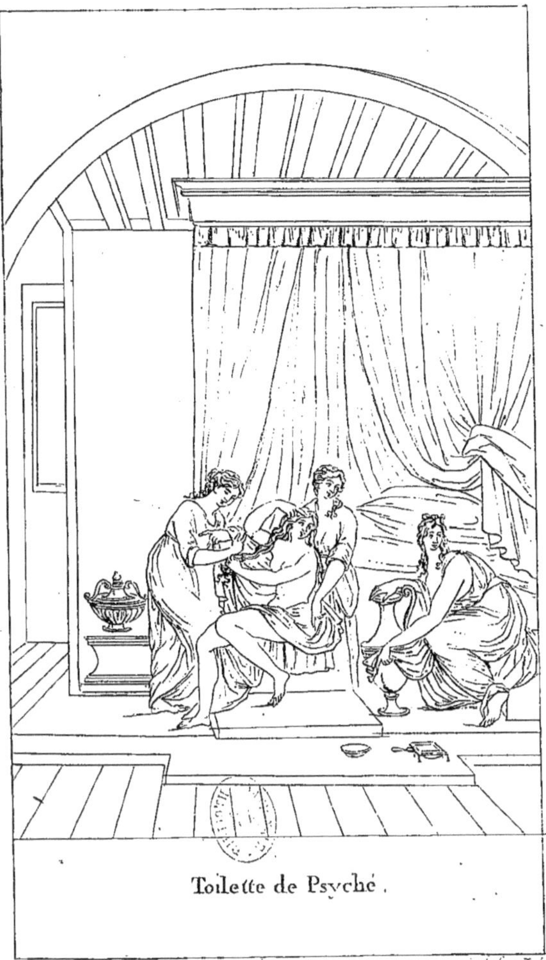

Toilette de Psyché.

N°. 15.

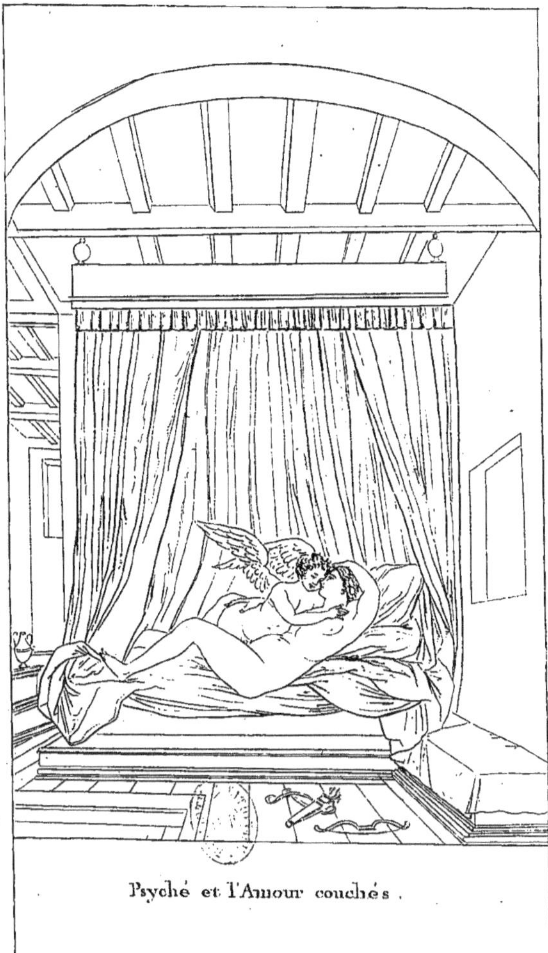

Psyché et l'Amour couchés.

N° 16.

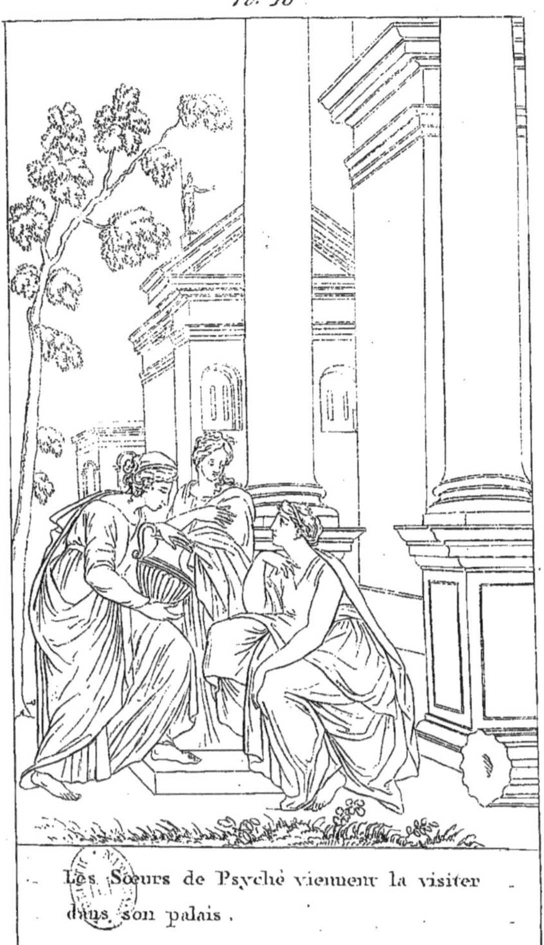

Les Sœurs de Psyché viennent la visiter dans son palais.

Nº. 17.

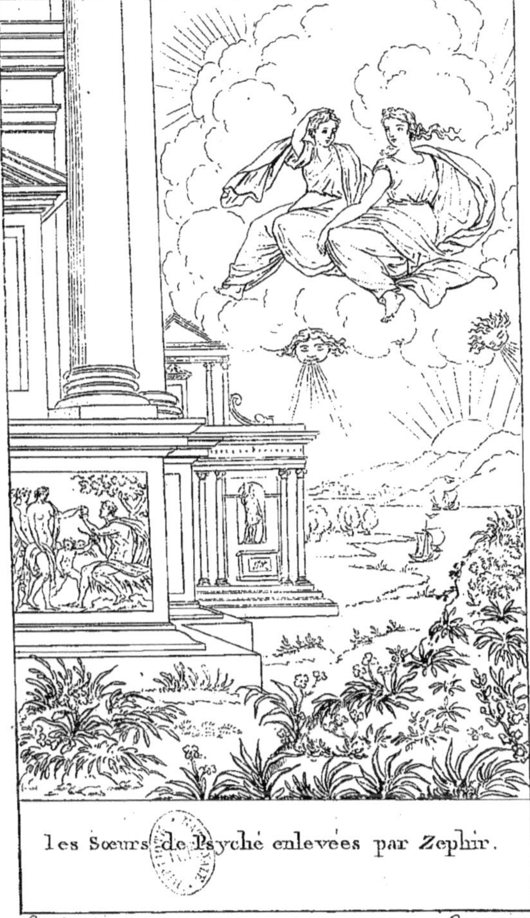

Les Sœurs de Psyché enlevées par Zephir.

Lenoir del. Guyot sculp.

N°. 18.

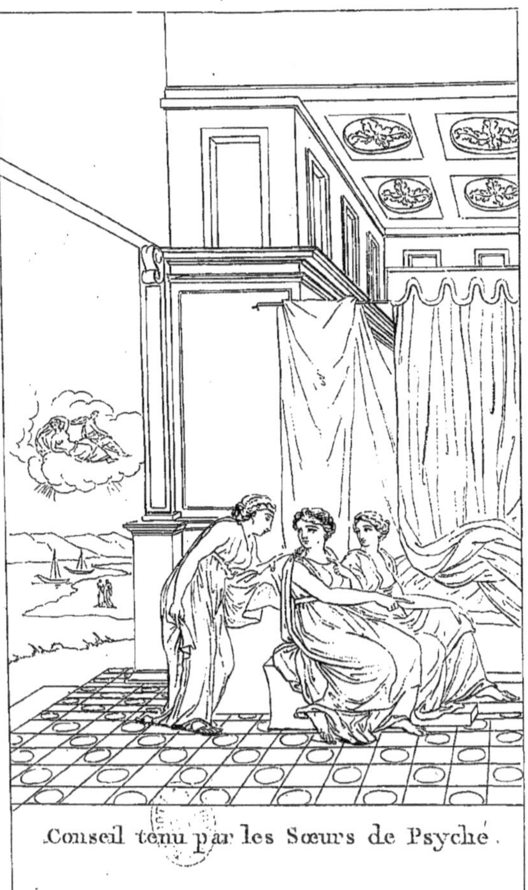

Conseil tenu par les Sœurs de Psyché.

Bureau del. L. G.

N.º 19.

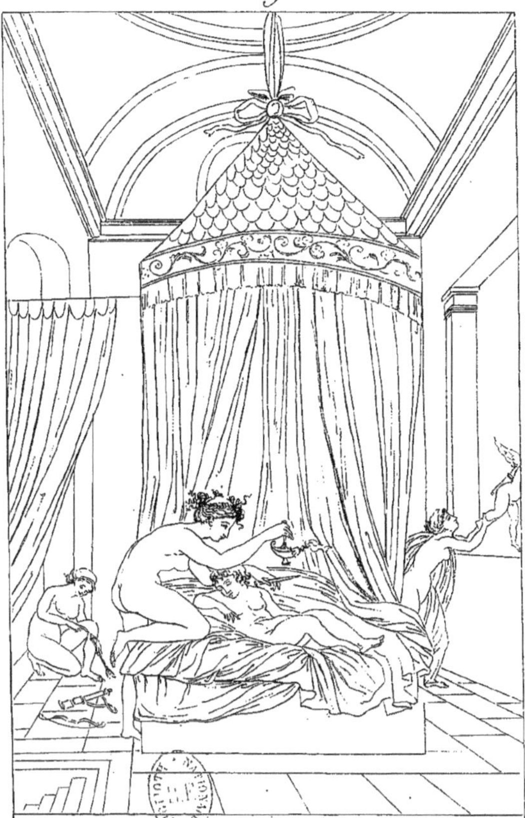

Psyché séduite par les conseils perfides de ses sœurs,
veut tuer l'Amour.
l'Amour s'éveille et s'échappe des mains de Psyché.

N°. 20.

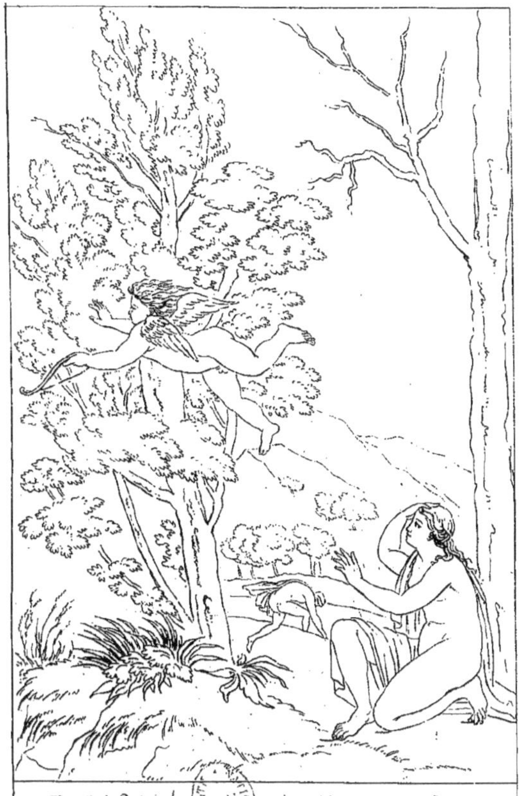

Psyché fatiguée de poursuivre l'Amour, tomba sur la terre, réduite au désespoir, elle veut se jetter dans un lac qui la repousse.

N°. 21.

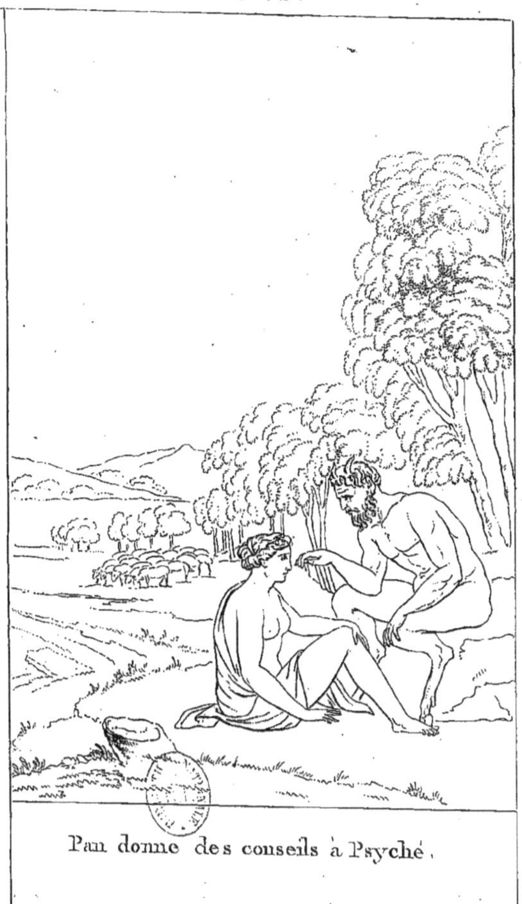

Pan donne des conseils à Psyché.

Guyot sculp

N° 22

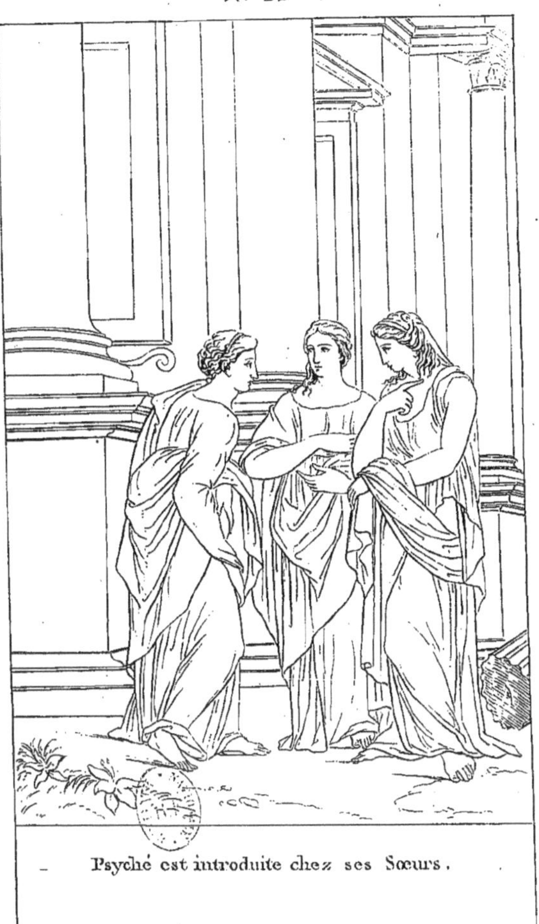

Psyché est introduite chez ses Sœurs.

Barrau del.

N°. 23.

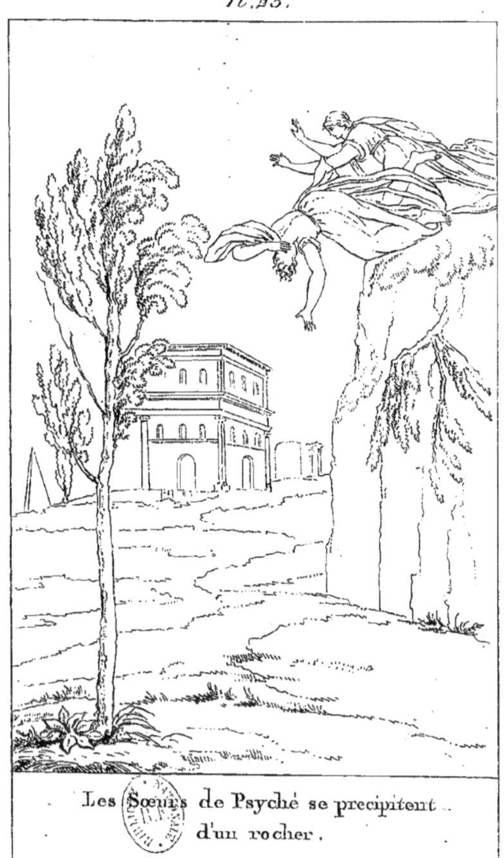

Les Sœurs de Psyché se precipitent d'un rocher.

Lenoir del. Guyot sculp.

N°. 24.

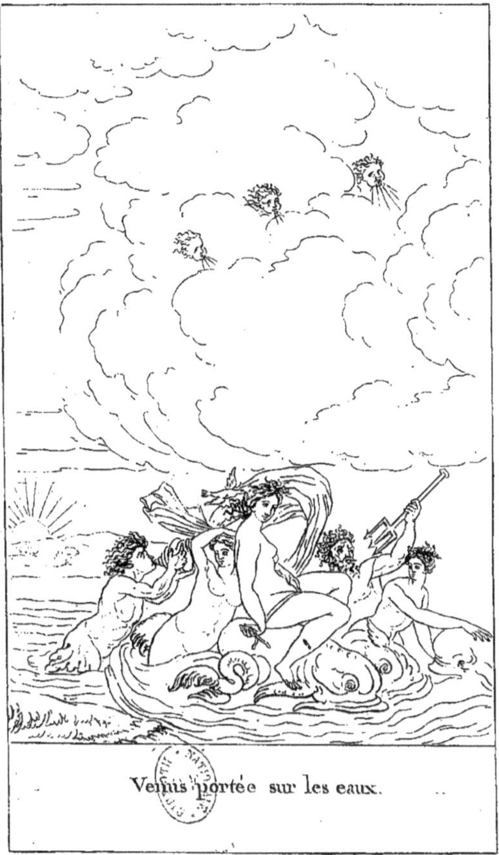

Venus portée sur les eaux.

N.º 25.

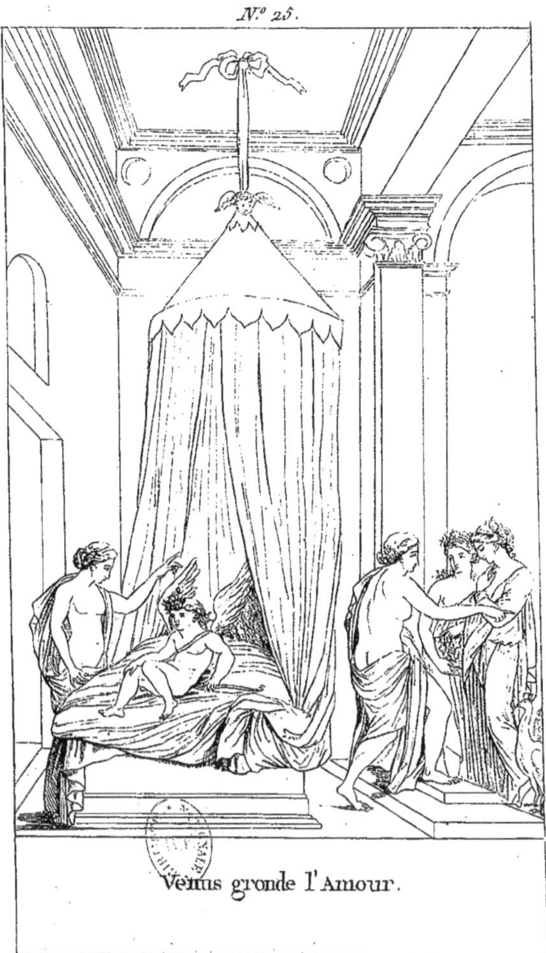

Vénus gronde l'Amour.

N.º 26.

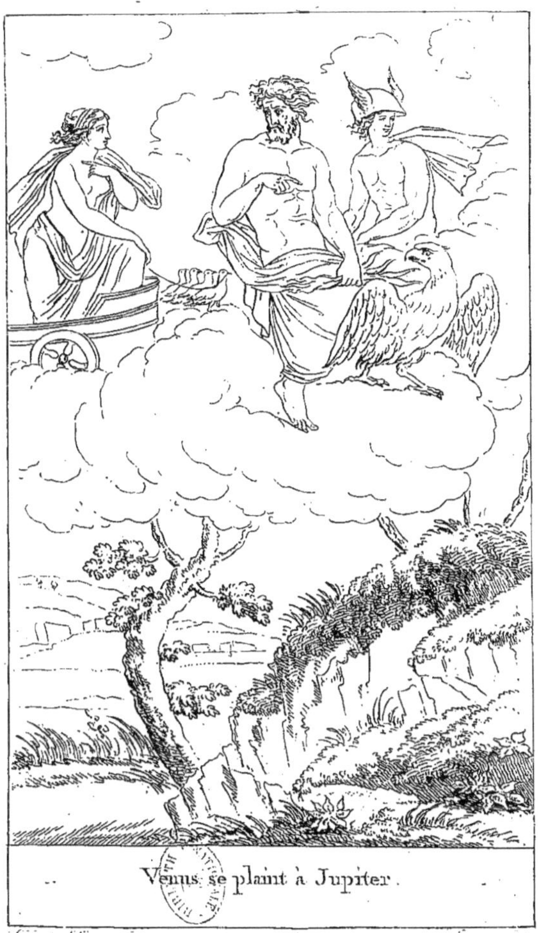

Venus se plaint à Jupiter.

Le noir del.

N°. 27.

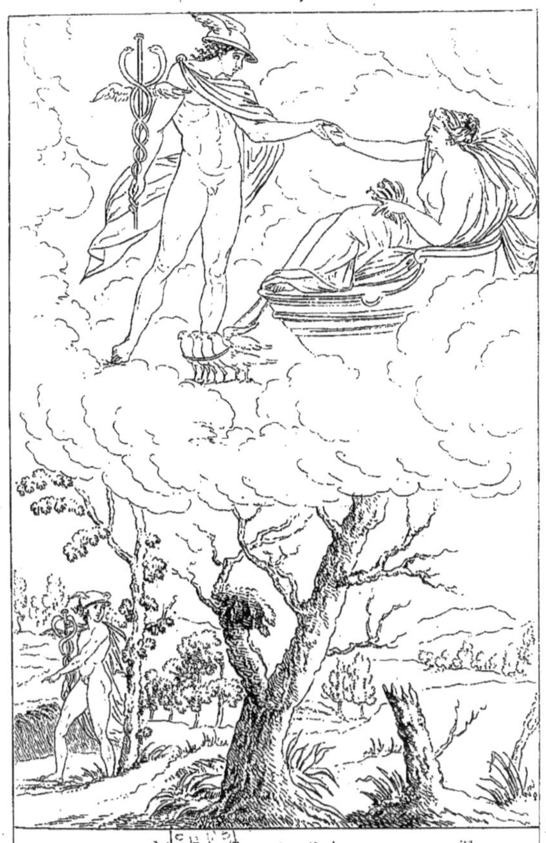

Venus fait chercher Psyché par Mercure elle promet un baiser à celui qui la découvrira.

N.° 28.

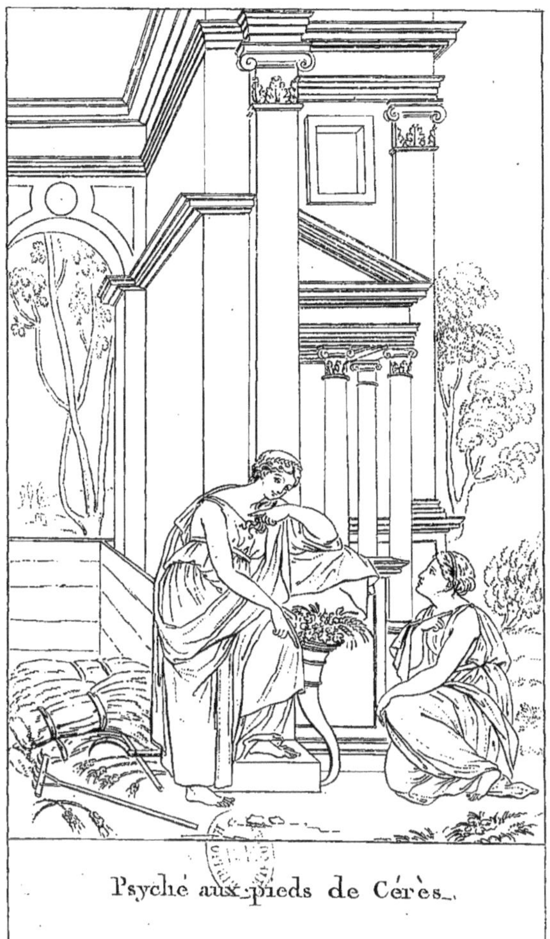

Psyché aux pieds de Cérès.

Bureau del. Guyot Sculp.

N° 29

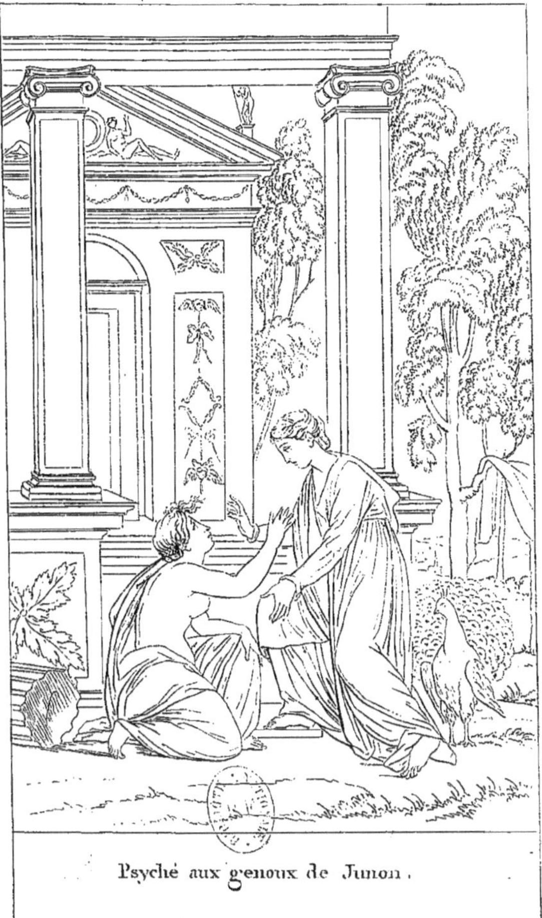

Psyché aux genoux de Junon.

N° 30.

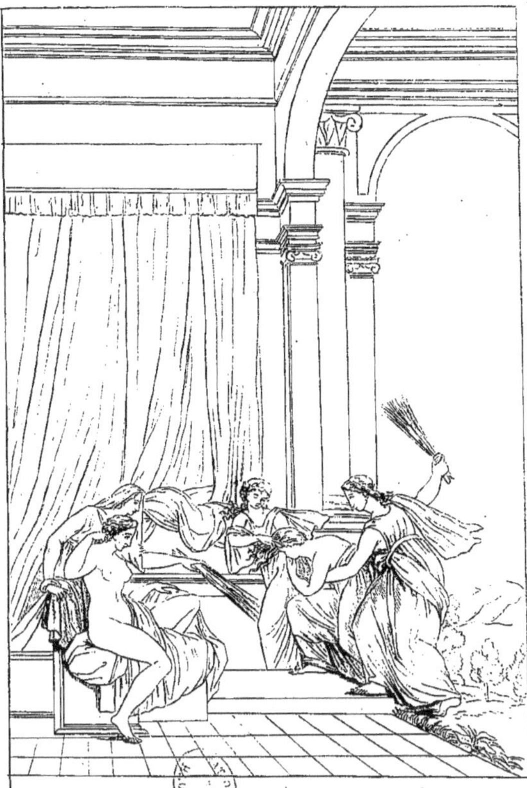

Psyché battue de Verges, par les ordres de Vénus.

Nº. 31.

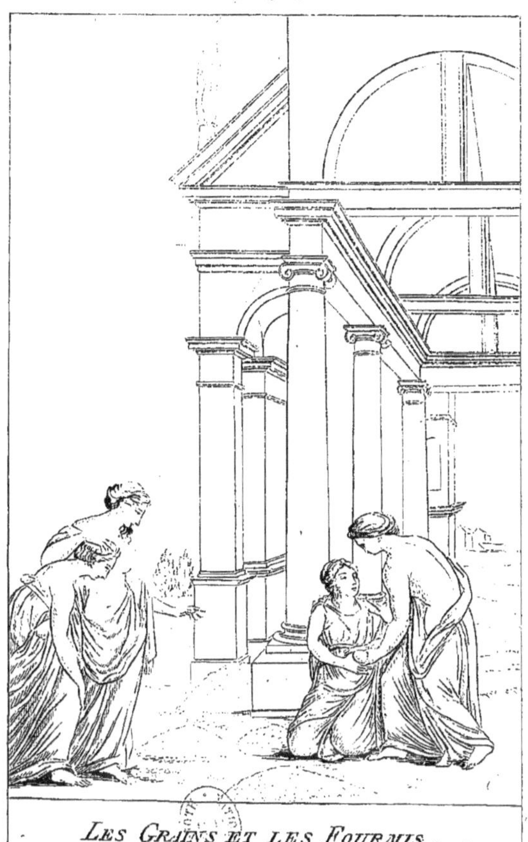

LES GRAINS ET LES FOURMIS,
Premier travail de Psyché.

Bureaux del.

N°. 32.

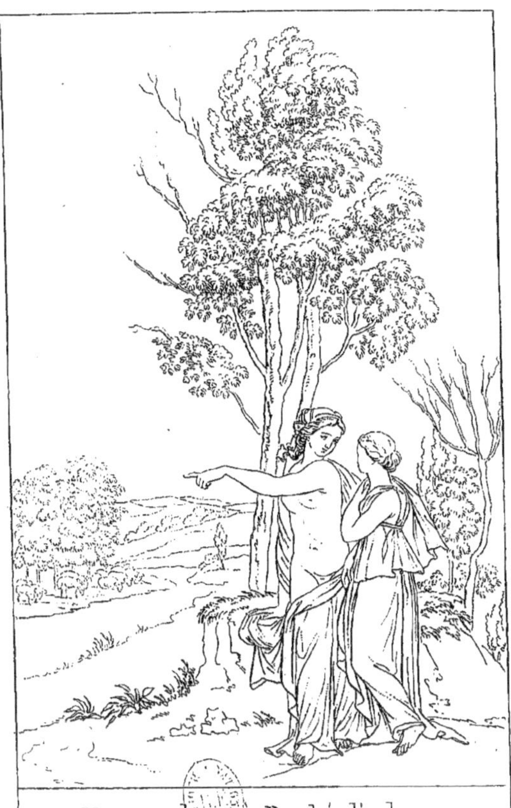

Venus ordonne à Psyché d'enlever de la laine des moutons dorés.

Pajot sculp.

Nº 33.

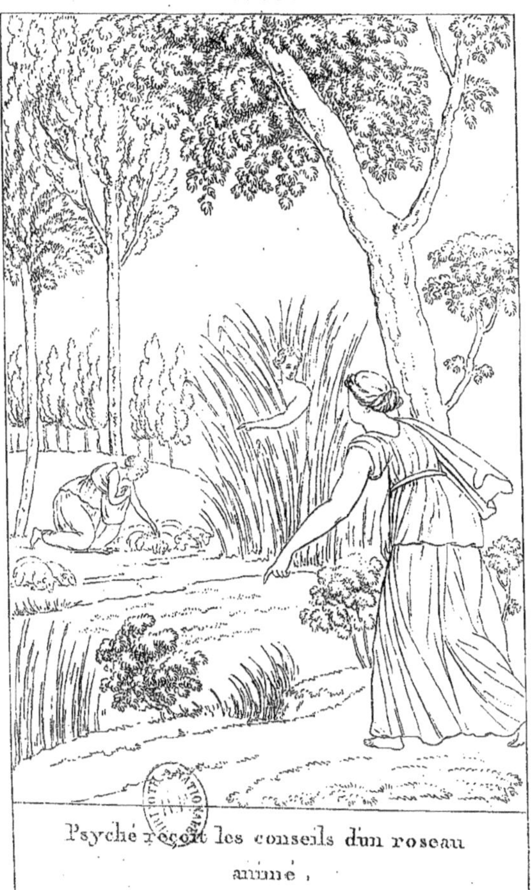

Psyché reçoit les conseils d'un roseau animé.

N°. 34

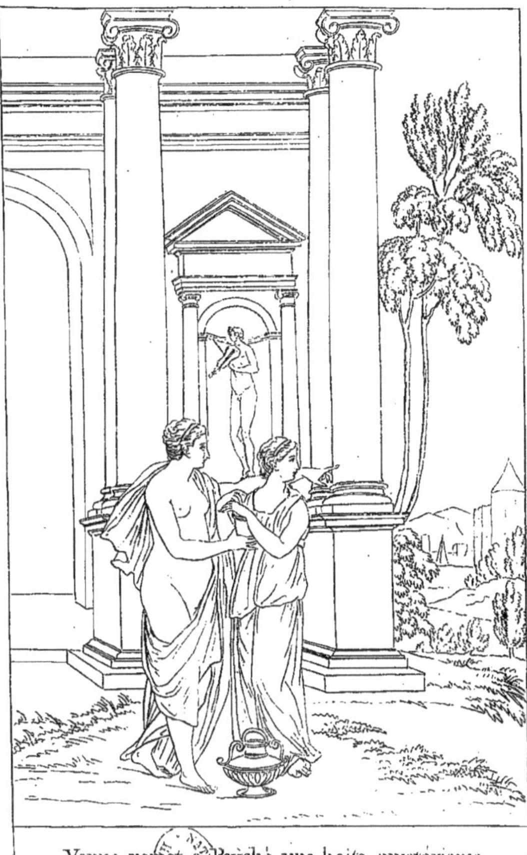

Venus remet à Psyché une boite mystérieuse et lui ordonne d'aller aux enfers.

Nº 35.

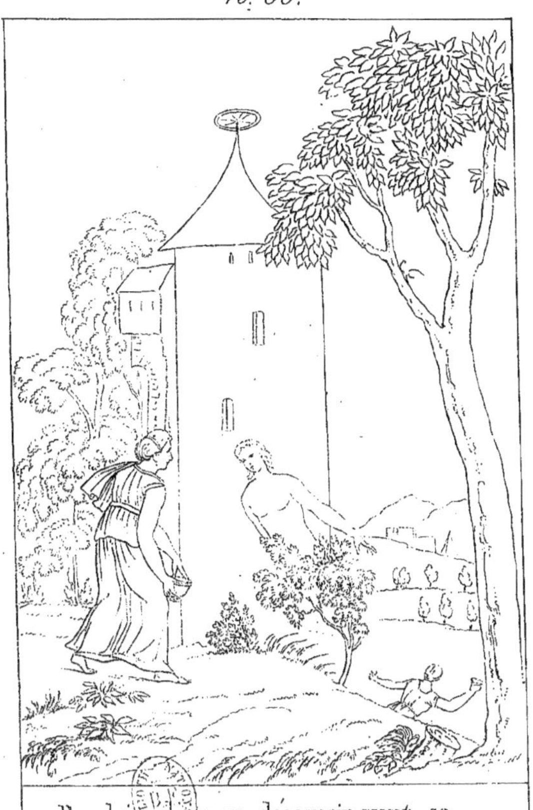

Psyché réduite au désespoir veut se précipiter du haut d'une tour, une voix inconnue l'arrête.

L. G.

Pl. 36.

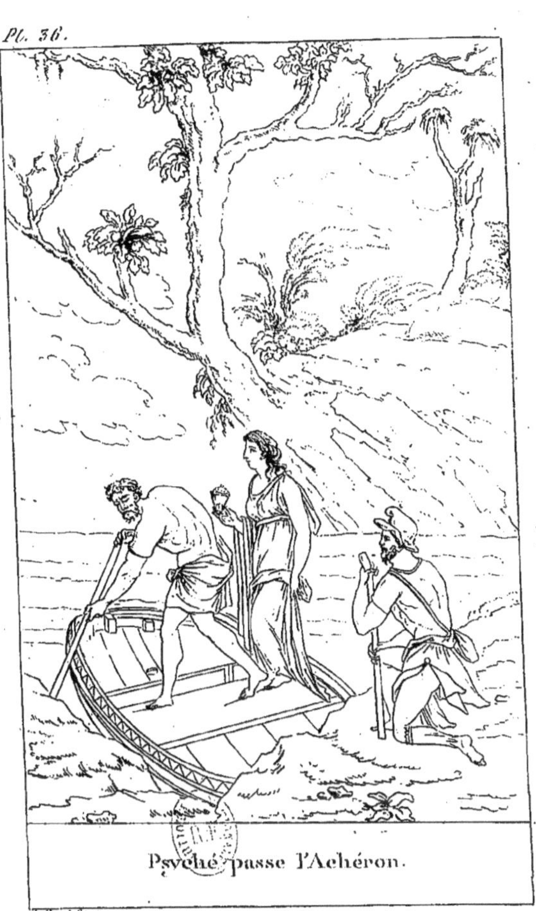

Psyché passe l'Achéron.

L. Bigot Sculp.

N°. 37.

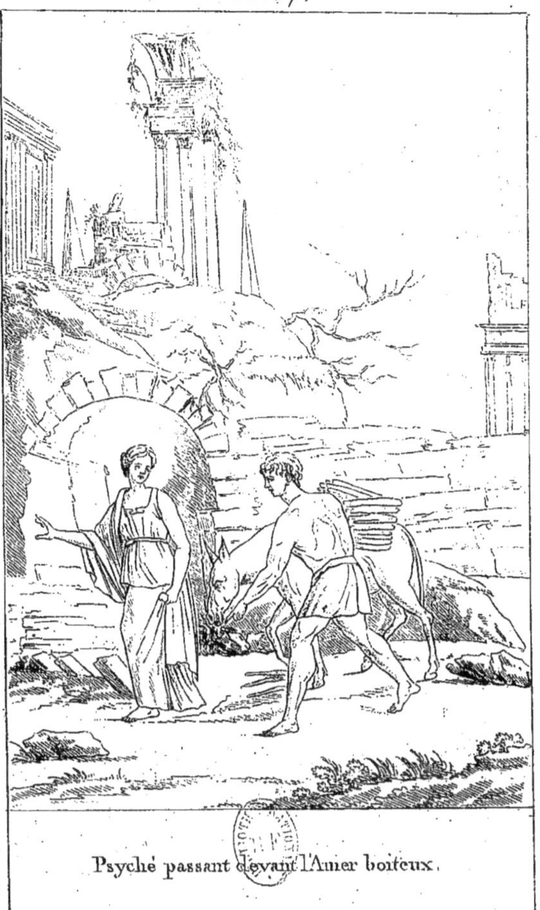

Psyché passant devant l'Anier boiteux.

N°. 38.

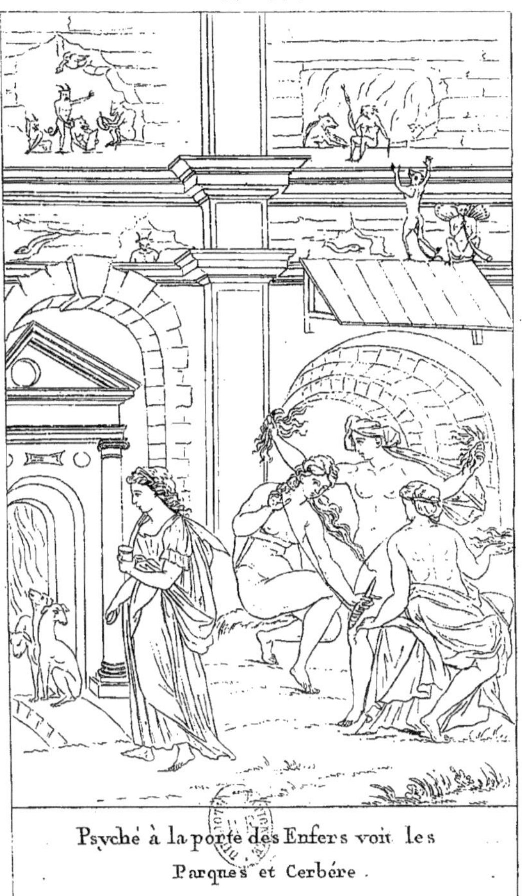

Psyché à la porte des Enfers voit les Parques et Cerbére.

Lenoir del. *Guyot Sculp.*

N° 39.

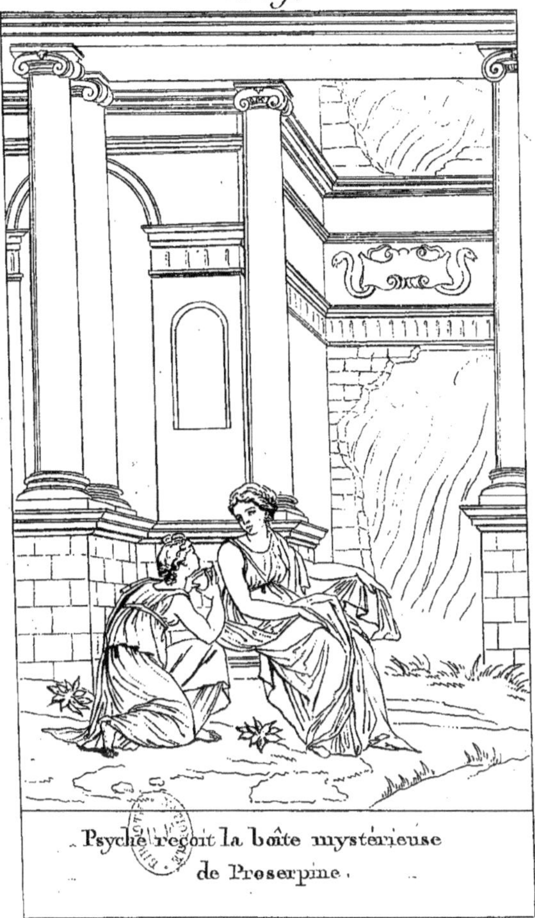

Psyché reçoit la boîte mystérieuse
de Proserpine.

Bureau del. Guyot Sculp.

N°. 40

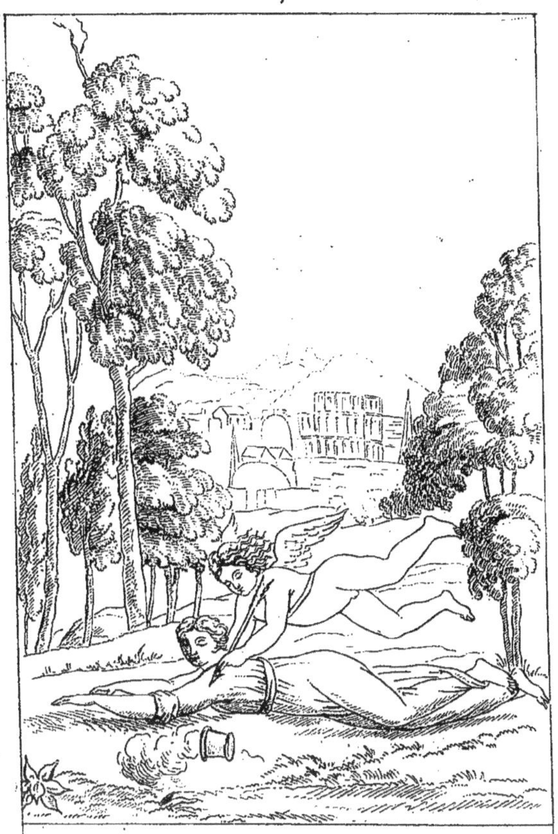

L'Amour réveille Psyché.

Psyché poussée par une curiosité imprudente, ouvre la boîte; elle tombe évanouie; l'Amour vient à son secours.

N°. 41.

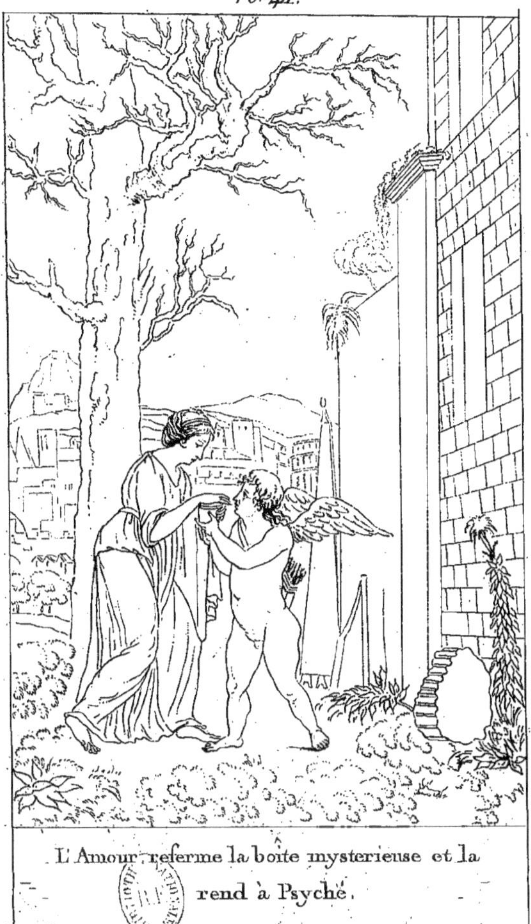

L'Amour referme la boîte mysterieuse et la rend à Psyché.

Lenoir del. Guyot Sculp.

N°. 42.

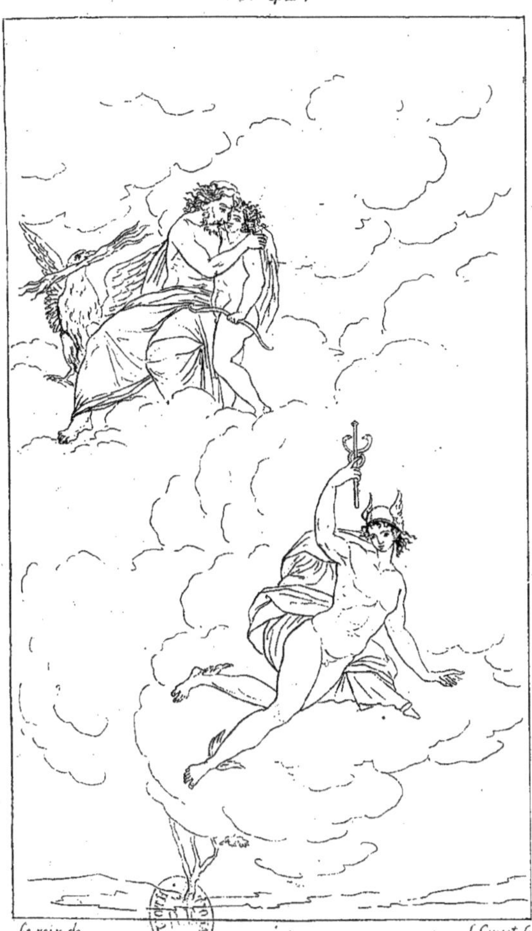

Le noir de. J. Guyot Sc.

l'Amour dans les bras de Jupiter.

N° 43.

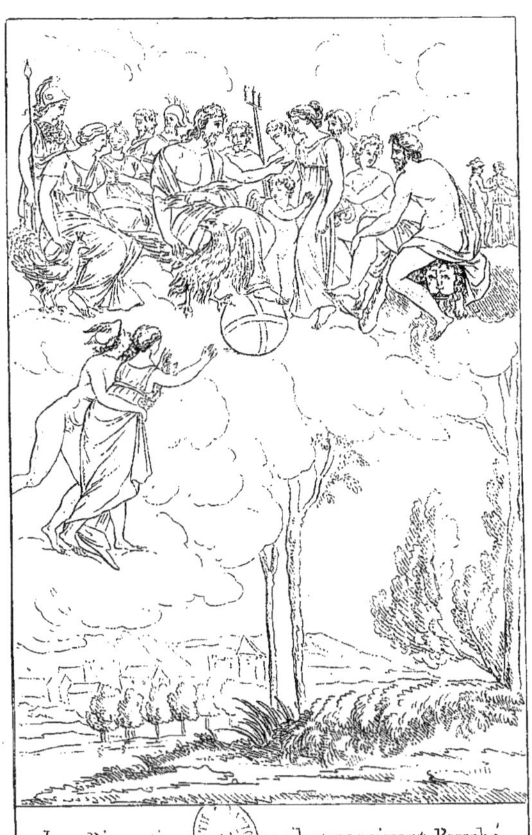

Les Dieux tiennent conseil et reçoivent Psyché des mains de Mercure.

N° 44.

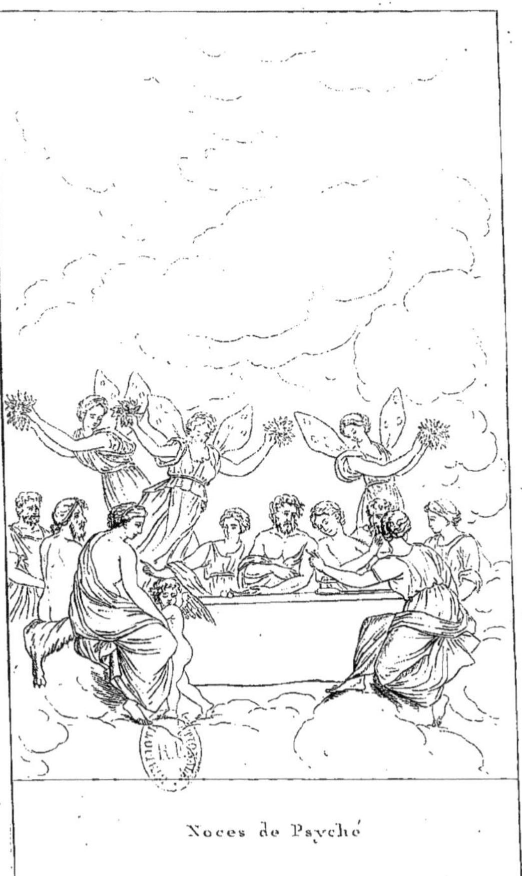

Noces de Psyché

N.° 45.

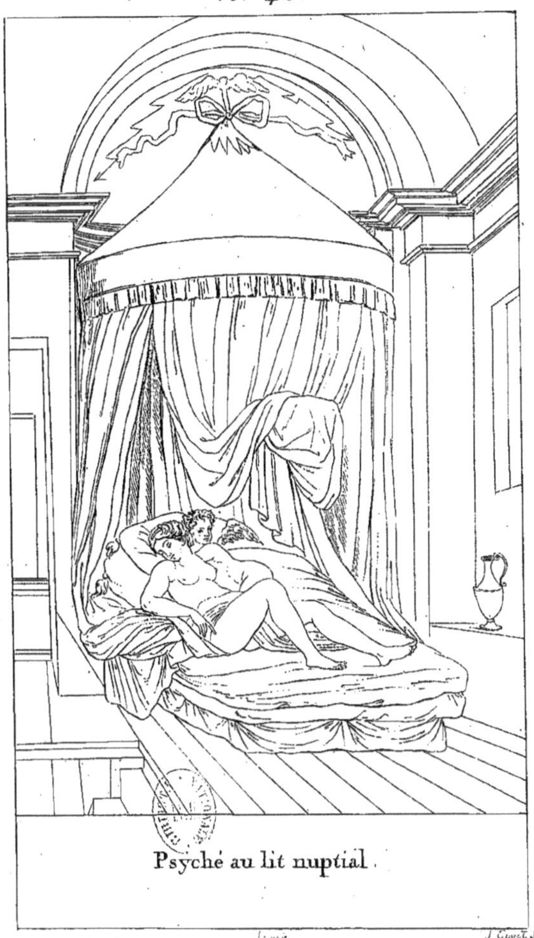

Psyché au lit nuptial.

SUPPLÉMENT.

NOUVELLES OBSERVATIONS

SUR

LA PEINTURE SUR VERRE [1].

La fabrication des verres de couleur est fort ancienne; les ustensiles propres aux usages domestiques et au culte, ainsi que les pâtes de verre imitant les pierres gravées que nous avons des Egyptiens, des Grecs et des Romains, prouvent que les anciens connaissaient l'art de colorer le verre, ainsi que celui d'émailler la terre et les métaux. Il est certain que, lorsque l'on substitua des verres plats, en forme de carreaux, à la place de l'albâtre et du talc coupés en tranches, avec lesquelles on bouchait les ouvertures des croisées des temples, des palais et des demeures particulières, le goût, cet aliment du plaisir, enfant né de l'aisance, fit naître l'envie de décorer ces mêmes vitres et d'y représenter des sujets agréables ou des faits historiques.

La peinture sur verre, dont l'époque de l'invention remonte environ au temps de Cimabué, n'était donc, dans son origine, qu'une peinture de décoration, et c'est sous

(1) Ces Observations ont paru dans le tome VIII du *Musée des Monuments français,* dont elles occupent les pages 89-111.

ce seul rapport qu'il faut considérer nos anciens vitraux, puisqu'ils se fabriquaient ordinairement par de grandes teintes plates très-peu ombrées, mais tellement variées par les couleurs les plus vives qu'ils présentent encore l'image d'un parterre émaillé de fleurs.

Nous pensons aussi que l'heureux emploi de la mosaïque, dans les décorations intérieures, a pu provoquer l'invention de la peinture sur verre. La mosaïque, comme on sait, comporte dans sa fabrication des petits morceaux de verre colorés et émaillés; de même, les premières vitres peintes ne sont que de petites portions de verre de couleur, soudées l'une avec l'autre par des rainures de plomb moulées, qui leur donnent de la consistance, en les retenant dans des châssis de fer ou d'autre matière, et qui en font une espèce de tableau, comme les pierres de rapport et de verroteries, retenues dans un mastic ou par un ciment, produisent la peinture que l'on nomme mosaïque. Nous sommes encore tentés de croire que, dans la naissance de la peinture sur verre, on a commencé à tracer des figures à la détrempe, ou avec des couleurs délayées à l'eau d'œuf ou au vernis, sur du verre blanc, comme on fait aujourd'hui les verres de lanternes magiques, avant d'arriver à l'idée de colorer du verre au feu, pour exécuter des tableaux plus parfaits et pour les rendre plus durables.

Quelques écrivains fixent la découverte de la peinture sur verre au règne de Charles-le-Chauve. C'est une opinion que nous n'admettons pas entièrement. L'historien du monastère de Saint-Bénigne, de Dijon, qui écrivait vers l'an 1052, assure cependant qu'il existait encore de son temps, dans l'église de ce monastère, *un très-*

ancien vitrail, représentant sainte Paschasie, et que cette peinture avait été retirée de la vieille église restaurée par Charles-le-Chauve. M. Emeric David, qui parle dans son ouvrage (*Discours historique de la peinture moderne*) de la découverte de la peinture sur verre fixée au règne de Charles-le-Chauve, remarque fort judicieusement que, s'il en était ainsi, les poètes et les historiens du temps n'auraient pas manqué d'en faire mention; ils parlent, dit-il, de vitres peintes, mais non pas de la découverte de la peinture sur verre.

Il paraît certain que tous les auteurs qui ont écrit dans ce sens ont confondu l'art de teindre le verre et celui de le dorer, avec l'art de le peindre, dont la découverte serait postérieure de beaucoup au premier, puisque nous trouvons des verres, teints de toutes les couleurs et dorés, dans les mosaïques françaises les plus anciennes, ainsi que le fait voir la tombe de la reine Frédegonde qui est à Saint-Denis. Les rubis qui ornent la garde de l'épée de Childéric Ier, qui se voit à la bibliothèque du Roi (1), ne sont que du verre teint en rouge. Ainsi les vitres peintes, que l'on reporte au règne de Childebert Ier et au temps de Charlemagne, pourraient bien n'être que teintes sans être ombrées, puisqu'on est autorisé, par les monuments, à fixer vers la fin du onzième siècle l'art de peindre sur le verre des figures d'hommes, des animaux et des arabesques. Sous la régence de l'abbé Suger, on a commencé à mieux nuancer les couleurs, à ombrer les sujets, et à employer l'émail avec quelque succès.

(1) Elle est aujourd'hui (1856) au Louvre dans le Musée des Souverains.

Division de la peinture sur verre.

On peut diviser l'art de peindre sur verre en deux genres, c'est-à-dire en art simple et en art composé. Nous appellerons peinture simple, celle dont les couleurs, étendues à plat, sont tellement fondues avec le verre qu'elles le pénètrent au point qu'il est impossible de la détruire, même en refondant le verre. Il conviendrait mieux, sans doute, d'appeler ce procédé, celui par lequel on commence pour peindre sur verre, l'art de teindre le verre ou de colorer le verre, que de lui donner le nom de peinture, qui, selon nous, convient mieux à l'art que nous appelons composé, puisqu'il réunit à la fois tous les procédés.

La peinture composée est celle qui est simplement fixée sur le verre à l'aide du feu, comme le sont généralement les carnations, les ombres, et comme le sont aussi les camaïeux ou les grisailles. Nous l'appelons composée parce qu'elle a besoin du secours du premier procédé, et quelquefois de celui de l'émail, pour produire l'effet que l'on désire dans un tableau. Les verres émaillés peuvent se comprendre dans cette classe de vitraux.

Les premiers peintres verriers ont souvent employé les trois procédés à la fois, c'est-à-dire la *teinture* du verre, la peinture en *apprêt* ou fixée sur la superficie, et l'*émail;* et on voyait, dans le Musée des Monuments français, des vitraux du douzième et du seizième siècles, qui sont rehaussés d'émail dans beaucoup de parties, comme nous en avons aussi dans lesquels il n'entre point d'émail, et qui ne produisent pas moins d'effet; ce qui prouve que l'émail n'est pas nécessaire pour l'exécution des belles peintures sur verre. Cependant l'emploi de l'émail est indispensable, lorsque l'on veut rendre un sujet quelconque sur une seule pièce de verre ; car on ne le pourrait pas autrement sans le secours de plusieurs pièces, et par conséquent sans l'emploi du plomb pour les rapprocher et les contenir, ce qui est un grand inconvénient pour de petits objets, comme on le voit par certains petits tableaux du seizième siècle.

Nous avons remarqué que l'émail a l'inconvénient de s'écailler par un choc quelconque, et qu'on peut enlever de dessus la superficie du verre la peinture en *apprêt*, ou celle que l'on a seulement fixée dessus, comme les ombres et les carnations, avec un acide violent; c'est une expérience que nous avons faite nous-mêmes pour nous en assurer. Il n'y a donc que les couleurs amalgamées dans le verre qui soient indestructibles.

La peinture sur verre prit un grand accroissement en France, non seulement par l'usage fréquent que l'on en fit dans les églises, mais encore par l'étude et la pratique des artistes qui s'y adonnèrent. Les plus anciens vitraux du Musée des Monuments français remontent au douzième siècle; nous sommes loin d'en louer le dessin, mais nous dirons que leur ensemble porte un grand caractère, que les couleurs en sont aussi belles que celles des vitraux de Jean Cousin, dont le dessin est admirable et que nous avons comparés avec raison aux plus beaux *cartons* des grands maîtres italiens. Nous disons *cartons*, parce qu'il est vrai que les anciens vitraux, en général, ressemblent plus à un dessin colorié qu'à un tableau peint à l'huile; mais ils n'en sont pas moins précieux pour cela. Les cartons de Jules Romain, du Musée du roi, sont aussi beaux et aussi intéressants pour les connaisseurs que les tableaux qu'il a peints à l'huile. Le génie de Raphaël est aussi grand dans ses fresques, dont la couleur n'est point agréable, que dans ses peintures à l'huile. L'invention, l'expression et la pureté du dessin constituent seules le grand peintre; la manutention des couleurs n'est qu'un secours secondaire qui, cependant, embellit l'ouvrage; elle répand des fleurs agréables autour des formes, elle adoucit le style et séduit le spectateur.

De la fabrication des anciens vitraux.

La fabrication des premiers vitraux est fort simple; elle est plate et sans effet; le trait est formé sur un fond uni, accompagné seulement de quelques hachures pour donner du relief au sujet : mais bientôt elle prit un grand essor; le génie s'empara d'une découverte peu importante dans son origine, et les dessins, colorés sur verre, de Jean Cousin et d'Albert Durer, que l'on a vus au Musée des Monuments français, fixaient également l'attention des artistes et des amateurs.

On a fait valoir avec raison, dans quelques journaux, l'avantage que la peinture moderne sur verre a sur l'ancienne, en ce que les peintres, qui s'en occupent, se servent de grands morceaux de glace, sur lesquels ils peuvent librement exercer leur talent, sans le secours des rainures de plomb dont nous avons parlé plus haut, et sur lesquels, à l'aide d'une manutention habile, ils parviennent à produire des effets aussi harmonieux et aussi vigoureux que le serait une peinture à l'huile. Cet avantage est grand, sans doute; mais il ne peut avoir lieu que dans le cas où l'artiste emploie une peinture qui doit seulement être fixée sur le verre; car il lui serait impossible de l'y incorporer au feu, à cause des divers tons qu'il est obligé de placer à côté les uns des autres, qui, nécessairement, se confondraient en refondant le tout ensemble au feu : ce qui ne produirait alors qu'un amalgame de couleurs rebutant à voir. L'avantage dont on parle n'appartient pas exclusivement à nos découvertes modernes dans l'art dont il s'agit. Dans le quatorzième siècle on a fait des tableaux sur un seul morceau de verre; mais ils ne sont que de deux couleurs : dans le seizième siècle l'art étant plus avancé, à l'aide de l'émail, on en a produit qui ont tout l'effet d'une peinture; nous en avons un exemple dans le vitrail de Charles IX et de sa femme allant à la chasse. (*Voyez* plus loin, p. 153.)

Nos anciens maîtres se sont servi de plomb pour rapprocher leurs pièces, par deux raisons : 1°, parce que, de leur temps, on ne connaissait pas l'art de couler de grandes plaques de verre; 2°, parce qu'en faisant incorporer la couleur dans le verre, par l'action d'un feu violent, ils n'auraient pu obtenir deux teintes sur le même morceau, qui devait passer deux fois au feu, comme nous venons de le démontrer.

Il est certain que l'ancienne peinture sur verre mérite d'être admirée, quand on connaît toutes les difficultés qu'il a fallu vaincre pour parvenir à l'exécution des effets qu'elle produit.

§ Ier. Avant de peindre sur le verre, selon la manière ancienne, on fait un carton, c'est-à-dire que l'on dessine et que l'on colore le sujet que l'on veut traiter sur du papier, tel qu'on veut l'exécuter. Ensuite on choisit des morceaux de verre que l'on taille sur des patrons exactement pris sur le dessin, pour y peindre les figures par parties, en sorte que les pièces puissent se joindre dans les contours des parties du corps et dans les plis des draperies, de manière que le plomb, avec lequel on les assemble, ne gâte point les contours du nu ni ceux des vêtements. Lorsque toutes les pièces sont taillées suivant le dessin et selon la grandeur de l'ouvrage, on les marque par des chiffres ou par des lettres pour les reconnaître; ensuite on travaille chaque morceau avec des couleurs, suivant le dessin que l'on a devant soi (1).

Les grisailles sont moins difficiles à exécuter, parce qu'elles ne comportent que deux tons. Lorsqu'on veut donner des traits légers dans la barbe ou dans les cheveux des personnages, ainsi que des coups de lumière délicats dans les parties qui en sont privées, soit dans les carnations, soit dans les draperies, on se sert d'une pointe de bois, du manche du pinceau ou d'une plume taillée, pour enlever de dessus le verre la couleur que l'on a mise, dans les endroits où l'on ne veut pas qu'elle paraisse; on laisse ainsi le verre à nu; il reprend sa transparence, et donne une lumière vive et fine.

§ II. Les peintres verriers furent longtemps gênés pour l'exécution des ornements aux broderies des draperies, qu'ils ne pouvaient obtenir sur une seule pièce de verre. Lorsque Jean de Bruges, aussi bon chimiste qu'il était habile peintre, procura à la peinture sur verre ce nouvel avantage, cet artiste, auquel nous sommes

(1) Voyez pages 39, 40 et 41, ce que nous avons dit de la manière de teindre et de colorier le verre.

redevables de l'invention de la peinture à l'huile, trouva le moyen de fixer, à une certaine épaisseur du verre, la couleur teignante, pour les morceaux de draperies qu'il voulait orner d'une broderie; c'est-à-dire qu'il avait l'art, par un coup de feu dirigé à propos, d'arrêter, à un quart environ de l'épaisseur du verre, la couleur, au lieu de la laisser pénétrer d'outre en outre, de manière qu'il n'y avait que la superficie de colorée et que le fond du verre restait pur et intact. Après avoir dessiné sur ses pièces les ornements dont il voulait enrichir ses vêtements, il les creusait, à l'aide de l'émeri et de l'eau, en façon d'intaille, jusqu'à ce qu'il eût atteint le verre blanc et enlevé la partie colorée : c'est alors qu'il formait sa broderie, soit en introduisant dans les creux, qu'il avait obtenus par ce genre de gravure, une nouvelle couverture d'or ou d'argent, ou un émail quelconque, qu'il passait au feu pour obtenir l'effet qu'il désirait. Ce beau procédé, imité par les autres peintres de son temps, fut généralement adopté; on voyait dans notre Musée plusieurs pièces importantes, sur lesquelles on pouvait facilement examiner l'emploi de la découverte de Jean de Bruges, dont les talents, comme peintre, ont également contribué aux progrès de la peinture sur verre.

Jean Cousin a peint sur verre avec beaucoup de succès. Le Musée des Monuments français, salle du seizième siècle, renfermait un portrait en pied de François Ier, en habit de cour, de la plus grande beauté, et deux vitraux immenses représentant des sujets tirés de l'Apocalyse, dans lesquels ce grand peintre a réuni toutes les ressources de la peinture sur verre. Sa manière est belle, grande et large; elle est remarquable, en ce qu'elle ressemble parfaitement aux dessins de nos grands maîtres, que l'on appelle *cartons*, c'est-à-dire que les chairs, faites avec des oxydes de fer, sont formées de grandes hachures aussi simples que celles dont on pourrait se servir pour l'exécution d'un dessin sur le papier ; le trait et l'expression des figures sont admirables, et ces peintures savantes ont plutôt l'air d'être peintes sur toile que sur verre. Jean Cousin donnait à ses draperies les couleurs les plus vives et les plus éclatantes ; il les formait avec des chaux métalliques d'or, d'argent et de cuivre, qu'il rendait très-transparentes en les faisant pénétrer dans le verre par l'action du feu ; il revenait une seconde fois sur son travail pour les ombres, qu'il composait avec des oxydes de fer, et fondait le tout ensemble au fourneau.

Pour détruire, s'il est possible, l'espèce de préjugé qui existe parmi les gens du monde, qui considèrent encore le moyen de peindre sur verre comme un secret — ils disent communément, en parlant de cet art : *Ce secret est perdu* — nous ajouterons à ce que nous avons dit : l'art de peindre sur verre, dont la découverte se fit en France, si l'on en croit les chroniques de l'abbé Suger sur l'abbaye de Saint-Denis, n'a jamais été un secret. On peint sur le verre comme on peint sur l'émail, et, du moment où l'on a peint sur verre en France, on a peint sur l'émail, puisque nous avons des productions de l'un et de l'autre art qui datent du dixième siècle. La manutention était, à peu de chose près, la même pour les deux arts, et nous possédons des émaux du quatorzième, du quinzième et du seizième siècles, dans lesquels certaines draperies sont formées avec un morceau de clinquant vert, violet, rouge ou couleur d'or, recouvert d'une espèce de verre fondu, qui donne une belle transparence à l'étoffe et produit un effet singulier.

Ce que l'on a pris pour un *secret* dans la peinture sur verre n'est autre chose que l'art de chauffer suffisamment le verre pour ne pas détruire les couleurs que l'on avait appliquées dessus, et pour les maintenir au ton que l'on voulait donner à son tableau. C'est le degré de chaleur si difficile à conduire au point convenable, qui fait que les mêmes couleurs, dans les mains d'artistes différents, produisent des effets qui ne sont pas les mêmes. Cette différence dans les tons a également lieu dans l'usage de la peinture à l'huile; car tout individu, sans être connaisseur, remarquera que deux peintres qui emploient les mêmes couleurs produisent chacun un tableau d'une harmonie tout à fait différente, en supposant même que les deux artistes, devant un modèle vivant, copiassent le même individu. Cette différence tient donc à l'organisation morale et physique des artistes; c'est aussi cette considération qui a necessairement produit des nuances singulières et des variétés à l'infini dans les peintures sur verre, sans oublier celles qui appartiennent exclusivement au coup de feu (1).

Raisons déterminantes en faveur de l'emploi de la peinture sur verre.

L'usage des vitres peintes s'est singulièrement propagé dans les temps où la force des croyances religieuses, en intimidant les esprits, maintenait les hommes

(1) Voyez, page 48, ce que nous avons dit à ce sujet de l'indisposition physique de Jean Connet, peintre verrier.

dans un état de mélancolie telle qu'elle les affaiblissait au point de ne pouvoir supporter la lumière du soleil et de préférer la demi-teinte d'un jour affaibli par un corps étranger. Les vitraux de couleur, dont on ornait alors les églises, étaient nécessaires, 1° pour retracer à l'imagination des âmes pieuses les mystères de la religion; 2° pour donner au local, où elles devaient se réunir, une teinte propre à exciter le recueillement : ainsi on a vu, dans des temps plus modernes, les religieuses parfumer leurs cellules des odeurs les plus suaves pour provoquer l'imagination et obtenir la jouissance de l'extase; 3° pour préserver des ardeurs du soleil un local où les fidèles devaient se rassembler. Il est reconnu que la présence du soleil inspire la gaieté; qu'elle échauffe l'imagination et qu'elle fait naître les sentiments les plus élevés, même dans l'âme la plus froide; c'est ce que l'on voulait prévenir. D'après ces considérations, l'emploi de la peinture sur verre dans nos églises était donc nécessaire. Voilà comment elle a été longtemps le seul genre de peinture pratiqué en France, si l'on en excepte les miniatures sur vélin qui se fabriquaient dans les cloîtres.

§ Ier. Aujourd'hui la peinture sur verre vient de recevoir un nouvel éclat par un procédé, dont on doit la découverte au zèle d'un artiste qui consacre ses veilles au perfectionnement des couleurs à l'usage des peintres. Il sera donc facile maintenant d'orner les vitres des palais d'une manière agréable, en y faisant représenter des faits héroïques ou des arabesques.

Dans le siècle dernier, sous des prétextes différents, on a fait supprimer de nos églises les belles vitres peintes qui les ornaient. On a dit qu'elles donnaient trop d'obscurité et que les sujets qui y étaient représentés montraient des nudités et même des obscénités. Cependant, on sait que la plupart des sujets libres qu'on y voyait, représentaient des vices personnifiés ; que ces images ne s'exposaient ainsi aux yeux de la multitude que pour inspirer au peuple l'aversion du péché : c'est ainsi que les Lacédémoniens faisaient enivrer des esclaves dans l'intention de détourner leurs enfants d'un vice qui dégrade l'homme et le rend l'égal de la brute. C'est avec de semblables discours que l'on est parvenu à anéantir la pratique de la peinture sur verre ; c'est ainsi que nous avons perdu le beau vitrail de Sainte-Marie-Egyptienne, où l'on voyait la sainte livrer son beau corps à un batelier pour payer le passage, dans une barque, du fleuve qui la séparait de celui dans lequel était toute son espérance. Elle était représentée sur le pont du bateau, troussée jusqu'aux genoux devant le batelier, et on lisait au-dessous ces mots : *Comment la sainte offrit son beau corps au batelier pour son passage.*

On a également perdu le beau portrait en pied de la Pucelle d'Orléans, que Henri Mellein avait peint sur les vitres de l'église Saint-Paul de Paris, en 1436. Ce tableau fit une si grande sensation, lorsqu'il parut, que le roi Charles VII accorda à Mellein des exemptions de taxes et autres priviléges (1).

§ II. Les peintres verriers du dix-septième siècle, en cherchant à perfectionner l'art, abandonnèrent l'ancienne manière de colorer le verre, et ils s'adonnèrent à l'usage de la peinture en *apprêt,* qui consiste seule-

(1) Voyez pages 89 et suivantes.

ment à fixer les couleurs sur le verre, par un fondant, en le passant au feu ; tels sont les vitraux des Feuillants, que l'on voyait au Musée des monuments français, datés de 1700. Robert Pinaigrier, qui vivait encore en 1620, employa dans ses tableaux les trois procédés différents dont nous avons parlé plus haut. Il y avait au même Musée un tableau de ce maître, représentant la *Résurrection des Morts*, dont on admirait les belles couleurs, et surtout la robe de pourpre de Jésus-Christ. Les peintures de Perrin, d'après Eustache Lesueur, conservées dans la salle du dix-septième siècle, sont très-belles ; celles de Benoît Michu, d'après Elye, le Belge, sont d'un effet piquant ; mais les unes ne sont que l'imitation exacte d'un dessin au bistre, et nous ne voyons dans les autres que la copie sans goût d'une gouache flamande (1). Il n'y avait plus qu'un pas à faire pour atteindre la perfection de l'art dans cette manière de peindre sur verre, et M. Dihl l'a fait. Nous voulons parler de la galerie des tableaux sur glace qu'il a ouverte au public pendant un temps.

§ III. Enfin, il ne faudrait pas confondre la manière de peindre de M. Dihl avec l'ancienne peinture sur verre : il n'y a aucun rapport entre elles. Dans l'une, les couleurs pénètrent le verre d'outre en outre, ce qui a nécessité l'emploi de plusieurs pièces de verre que l'on a réunies par du plomb ; autrement les couleurs se seraient mélangées et amalgamées au feu. Dans l'autre, elles couvrent seulement la superficie qu'elles pénètrent légèrement. Nous dirons, en faveur de M. Dihl, que le procédé nouveau offre deux avantages remarquables :

(1) Voyez, pages 96 et 97, ce que nous avons dit des vitraux des Feuillants, et des peintures d'Eustache Lesueur.

1° celui d'être peint sur une seule glace ou sur une seule pièce de verre ; 2° qu'il présente une grande perfection dans la fonte des couleurs et dans leur harmonie, ce que les anciens n'ont jamais fait, puisqu'ils ne pouvaient obtenir par leur procédé que des tons tranchés à côté les uns des autres, unis par un corps étranger comme de la mosaïque, qu'ils adoucissaient cependant par des ombres faites d'oxide de fer, seulement fixées sur le verre.

Si l'on examine les anciennes peintures sur verre, on verra que les morceaux qui les composent sont multipliés à l'infini, et qu'ils sont d'une très-petite étendue ; mais qu'ils augmentent de volume à mesure que l'art s'est perfectionné et qu'il se rapproche des derniers siècles. Cette différence appartient tout entière au perfectionnement de l'art de la verrerie ; car, à l'époque des premiers vitraux, on ne savait pas encore fabriquer de grands morceaux de verre. C'est une justice que l'on doit rendre à M. Dihl ; il est le premier qui ait osé entreprendre des tableaux sur un seul morceau de glace d'une grande dimension. On lui doit d'autant plus d'éloges qu'il a fallu vaincre de grandes difficultés pour parvenir à la fonte parfaite de ses couleurs sur une surface aussi considérable, lorsqu'il a dû, pour la perfection de son travail, passer plusieurs fois son morceau de glace au feu et l'en retirer sans accident.

Il ne convient donc pas d'appeler *vitraux* les peintures sur glace de M. Dihl, puisque ce sont de véritables tableaux, qui ont l'éclat et qui produisent autant d'effet que ceux que l'on traite à l'huile. Les couleurs qu'il emploie sont suffisamment fixées sur la superficie du verre pour recevoir la transparence convenable et laisser pénétrer la lumière du jour dans tous les points. Cette nouvelle manutention est douce à l'œil, sans altérer cependant la vigueur des tons et l'effet magique qu'elle doit produire.

De la manière de peindre sur glace.

En admirant les tableaux dont nous venons de parler, nous croyons avoir reconnu que la première préparation du travail consistait à se procurer une glace dépolie, sur laquelle on peint avec des couleurs amalgamées avec un fondant, que l'on applique les unes à côté des autres, tantôt en pointillant et tantôt en forme de lavis, suivant le besoin que l'on en a, comme on le fait quelquefois à l'huile, en commençant cependant par les premiers plans et les teintes les plus fortes, pour arriver successivement aux plus faibles, et toujours en dégradant. Ensuite on chauffe doucement cette peinture qui naturellement, à l'aide du fondant avec lequel elle est mêlée, a une tendance à s'incorporer sur la superficie du verre, que le feu amollit d'autant plus facilement qu'il est dépoli. Nous avons encore reconnu que cette peinture est la même que celle que l'on emploie pour la porcelaine ; elle en a toute la teinte.

Nous avons dans les mains un tableau sur verre, signé *Séguin,* et daté de 1786, représentant un ermite faisant une lecture dans sa retraite, dont l'effet est imité de Rembrant, qui nous paraît avoir été traité par les mêmes moyens ; il est sur un seul morceau de verre, ainsi que les essais de M. Brongniart que nous avons vus à Sèvres ; mais qu'importent les moyens employés par M. Dihl, puisque les résultats sont des chefs-d'œuvre ?

Honneur soit rendu aussi aux talents de MM. Demarne et Legay, qui ont bien voulu allier leurs talents aux moyens de M. Dihl. Les paysages de M. Demarne, au nombre de neuf, sont d'une composition agréable, d'une touche savante et d'un effet délicieux. La vue de Saint-Cloud, prise de l'extrémité du pont, est d'un effet tellement doux et si harmonieux que l'on oublie l'art au point que l'on se suppose placé dans une chambre noire à travers laquelle on voit la nature. Le tableau suivant contraste parfaitement avec celui-ci; il représente un lac glacé, à travers un paysage couvert de neige et de frimats : on y voit des patineurs, élégamment dessinés, s'exercer sur la glace, et des femmes avec leurs enfants qui le traversent. Nous admirons surtout, dans ce tableau, la pureté et l'éclat du blanc que l'on a employé pour rendre la neige. Le clair de lune placé à la suite est moins parfait; le ciel est bien; mais généralement, dans ce tableau, la touche est lourde, principalement dans les eaux, ce qui m'autorise à croire que les couleurs ont un peu fusé au feu; par conséquent elles ont élargi le trait et la touche. La lumière du feu placé dans un coin du tableau, et autour duquel plusieurs personnages sont assemblés, est parfaite.

Le tableau suivant, agréablement peint par M. Legay, nous a paru être un portrait de famille. On voit une jeune femme, de grandeur naturelle, appuyée sur une espèce de balcon, badinant avec ses enfants. Il y a ici une grande difficulté vaincue en ce que, des figures de haute stature offrant moins de touches et moins de détails qu'un paysage, il a fallu beaucoup plus de soins et de précision pour passer, sans dureté et sans effort, du clair à la demi-teinte, et de la demi-teinte à l'ombre

pour faire tourner les chairs et arriver à l'illusion de la nature ; c'est ce que M. Legay a parfaitement rendu ; ses draperies sont belles et bien jetées ; la manche de velours est parfaite, ainsi que le schall pourpre qui se groupe avec le bras du personnage principal.

La galerie de M. Dihl mérite, à juste titre, les éloges des artistes et des hommes de goût. Pour s'en convaincre, il suffit de voir les peintures qu'il a fait connaître au public ; et nous avouerons avec franchise que nous n'avons rien vu d'aussi agréable depuis que l'on s'occupe de la peinture sur verre (1).

Désirant posséder quelques tableaux sur glace et sur verre ordinaire, j'en ai fait peindre plusieurs par MM. Develly, Mortelec et Gallet, qui ont parfaitement réussi. Ceux dont je donne la gravure sont faits sur verre ordinaire, et dans toute la dimension du verre ; ce n'est pas sans éprouver de grandes difficultés que ces artistes sont parvenus à les retirer intacts du four. Le premier, qui a été copié d'après David, exposé au salon, représente le général Bonaparte monté sur un cheval blanc, passant les Alpes ; le second représente le même personnage donnant des ordres à son mameluck. Nous avons encore dans notre cabinet, des mêmes auteurs, un effet de neige et un chasseur à cheval, dont la beauté de l'exécution ne laisse rien à désirer. MM. Mortelec et Gallet ont composé et peint des fleurs, des fruits et des arabesques propres à encadrer des croisées, qui ne le cèdent pas aux sujets que l'on voit ici.

---

(1) Lenoir renvoie ici en note à ce qu'il a dit dans son tome V, page 237, de l'annonce par les gazettes, sur les nouveaux essais de tableaux sur verre faits en Allemagne. C'est ce que nous reproduisons après le tiret.

Pl. 294.

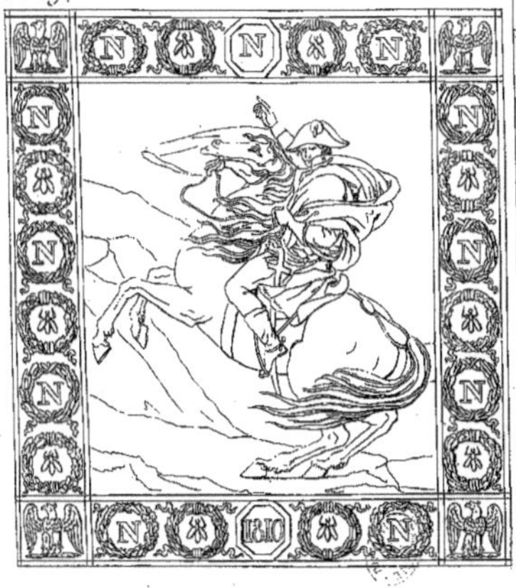

Pl. 295.

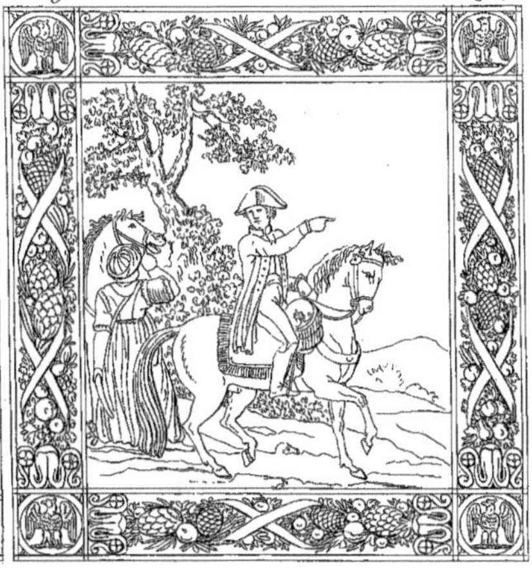

Peinture sur verre.

Par M.M.rs Develly, Mortelecque et Gallet année, 1810 et 1811.

Pl. 213.

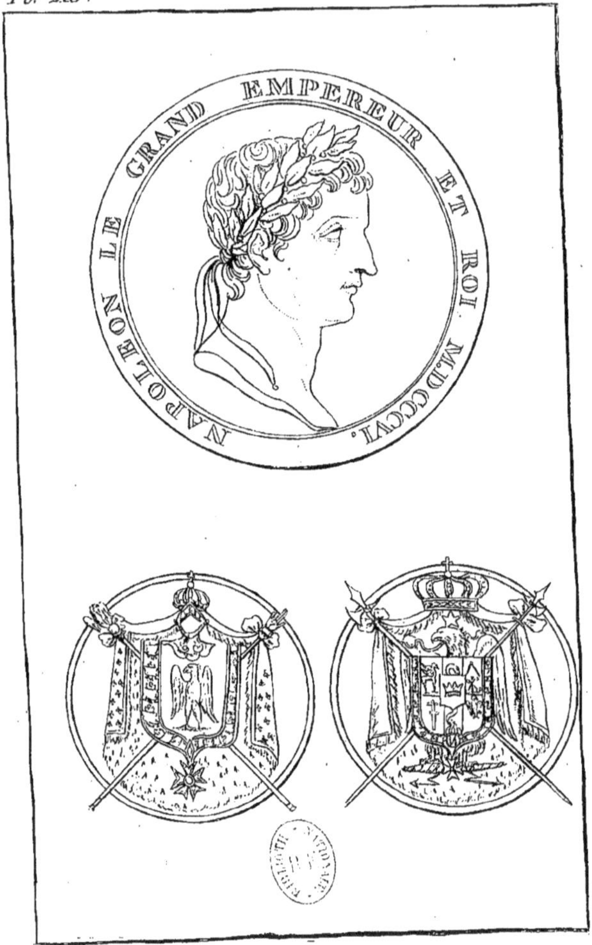

Leviel pinx.t

Peinture sur verre du XVIII.e Siecle.

C'est un préjugé établi depuis longtemps, comme nous l'avons fait observer dans notre livre qui traite de la peinture sur verre, pages 90, 91 et 92, de faire de cet art un secret qui ne s'était transmis d'âge en âge que dans les familles des peintres-verriers ; aussi a-t-on répandu dans le public que ce secret, depuis environ un siècle, était perdu. La négligence, il est vrai, que l'on a mise à employer des verres peints dans les édifices publics a contribué à accréditer un bruit qui n'avait d'autre fondement que dans le goût où l'on est actuellement de préférer les verres blancs. Malgré cette défaveur, quelques artistes de nos jours se sont occupés à Paris de la peinture sur verre, et même s'en occupent encore. M. Viel, notamment, vient de faire sur verre le portrait de Sa Majesté l'Empereur et Roi, peinture qui doit orner la salle du quatorzième siècle de ce Musée, et dont nous nous empressons de donner ici la gravure. L'artiste Bittenbach de Cologne n'est donc pas le seul qui s'occupe aujourd'hui de la peinture sur verre, comme on a cherché à le faire entendre dans le *Journal de Paris* du 5 avril dernier, dont l'article est ici rapporté en note (1). Je suis loin de douter des talents de

(1) *Cologne, 1er avril* 1806. (*Journal de Paris, 5 avril* 1806.)
« C'est dans notre ville que florissait principalement l'art de la peinture sur verre. Il était en honneur dès l'an 1260 ; il fut porté au plus haut degré vers 1430, et commença à décliner dès 1600 jusqu'en 1730, où il parut entièrement perdu. Les nombreux monastères, les magnifiques églises que possédait Cologne étaient remplis de vitraux qui sont des chefs-d'œuvre en ce genre. Les peintres sur verre apportaient un si grand soin à former de bons élèves que l'apprentissage de ceux-ci durait au moins six ans, et

M. Bittenbach ; mais je prouve, non seulement par les peintures sur verre conservées dans ce Musée, signées *Séguin* et datées de 1786, l'une représentant un philosophe en méditation, composé et peint dans la manière de Rembrandt, l'autre une vue de la Grèce exécutée d'après un dessin de David Leroy, et par le beau portrait de Sa Majesté l'empereur Napoléon-le-Grand par M. Viel, que les Français se sont occupés de la peinture sur verre, malgré l'insouciance que l'on a mise à employer leur talent dans les décorations de nos édifices. J'ajouterai encore que M. Demarne, peintre, a fait des essais dans ce genre qui ont été admirés, et que M. Brongniart, directeur de la manufacture de Sèvres, s'en est également occupé avec soin. M. Séguin peint également le portrait en émail ; mais M. Augustin, qui s'en occupe depuis plusieurs années, vient de relever cet art d'une manière brillante. Il est à désirer que la peinture en émail, que l'on admire avec tant de raison dans les productions du célèbre Petitot, et que le beau talent de M. Augustin soient, non seulement encouragés,

quelquefois neuf. Ils passaient graduellement du dessin à la peinture et à la fonte des couleurs. Cette dernière partie était considérée comme la plus difficile, et le complément de l'instruction de l'apprenti. Ce bel art semblait tombé pour jamais dans l'oubli, lorsqu'un artiste distingué de notre ville, M. Bittenbach, a eu la noble idée de *diriger ses recherches* vers cet objet. Plusieurs essais font déjà concevoir les plus hautes espérances pour l'avenir. Son dernier ouvrage est un buste de l'empereur Napoléon, peint sur verre à la manière ombrée ; autour est tracée une inscription en caractères gothiques, et l'encadrement est formé par une guirlande de feuillage sur un fond d'argent. On exhorte M. Bittenbach à se faire honneur de son rare talent à l'exposition générale qui va avoir lieu à Paris, lors des fêtes du mois de mai. »

Pl. 214 Peinture sur verre du XV.e Siecle.

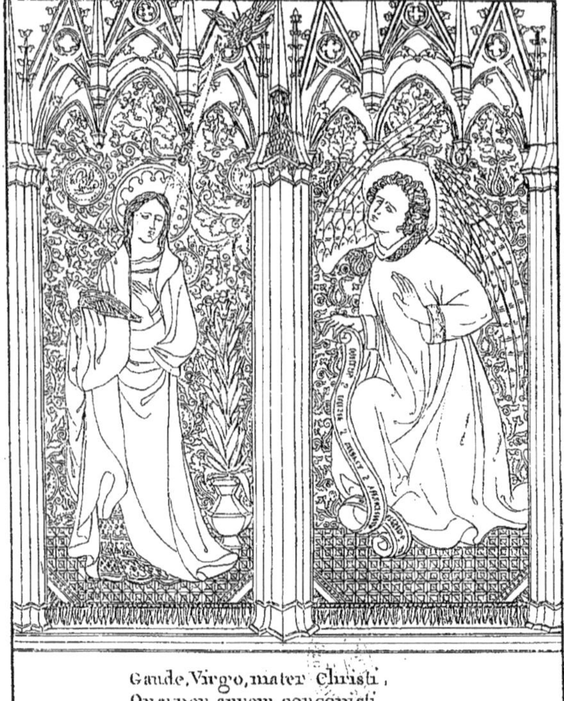

Gaude, Virgo, mater Christi,
Quæ per aurem concepisti.

Sitôt qu'eut parlé Gabriel,
La Vierge conçut l'Eternel
Par une divine merveille,
L'Archange ainsi le lui prédit
Et de la peut-être, a-t-on dit
Faire des enfans par l'oreille).

Perrier fecit

Pl. 215. Peinture sur verre par Le Sueur.

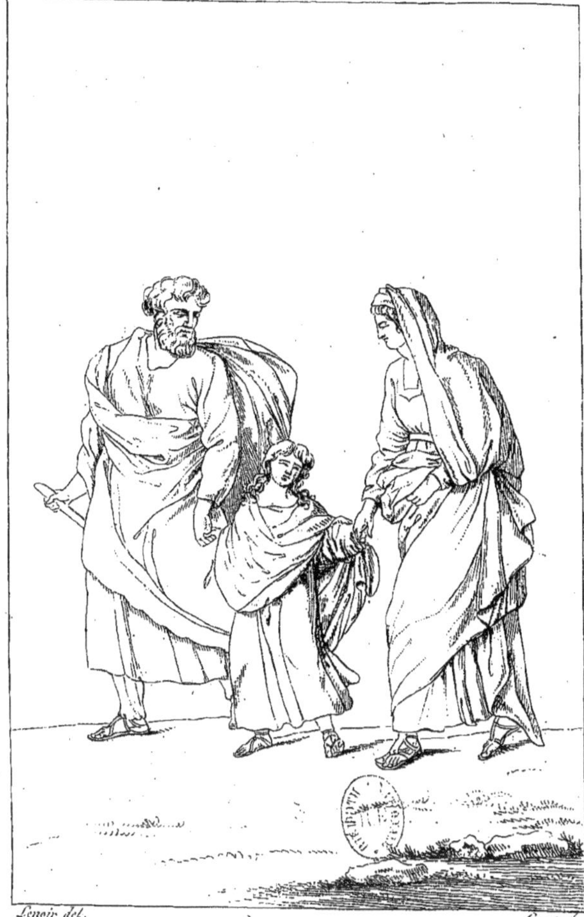

Lenoir del. *Guyot sc.*

La Sainte Famille.

mais remarqués des personnes dignes d'encourager les arts. Où trouverait-on des peintures en émail faites pour rivaliser avec l'école française si M. Isabey, dessinateur de Sa Majesté l'Empereur et Roi, voulait employer son beau et rare talent à un genre de peinture aussi durable?

Les gravures suivantes représentent : 1° les deux vitraux curieux, dont nous avons donné la description p. 68 : on voit la Vierge qui lit ses heures, ayant devant elle l'ange Gabriel qui entre chez elle pour lui annoncer sa conception, et on voit, dans un coin de la chambre, le Saint-Esprit, du bec duquel part un rayon pyramidal qui va directement à l'oreille de la sainte Vierge, pour y déposer un embryon fort bien dessiné, qui représente le petit Jésus muni d'une petite croix, et dont la tête est chargée d'une auréole ou limbe (1) ; 2° la fuite de la Vierge en Égypte, peinte en grisaille, d'après Eustache Lesueur. (Voyez la description de ce beau tableau p. 95.) Tant de preuves cumulées pourront enfin fixer l'opinion publique sur l'état actuel de la peinture sur verre en France, et suffiront sans doute pour faire reconnaître les prétendues découvertes à cet égard pour ce qu'elles valent.

---

(1) Nous revenons sur le mot *nimbe* que nous avons employé dans notre premier volume, page 56, à l'imitation de Montfaucon, qui s'en sert dans son tome premier de la *Monarchie française*, où il dit : « Le *nimbe* ou cercle lumineux s'appelait en latin *nimbus*, mot fort usité dans les anciens poètes ; on le prend souvent pour un *vent impétueux* ou pour un vent accompagné de pluie. Il se prend aussi pour une nuée *claire* et *lumineuse*. » Malgré ces autorités, je ne pense pas que l'on doive employer dans cette circonstance le mot *nimbe*, mais le mot *limbe*, bord, cercle ; il peint beaucoup mieux l'auréole ou le cercle lumineux qui orne la tête de nos statues.

Peinture sur verre représentant la consécration d'un évêque.

La gravure que l'on voit ici représente la consécration d'un évêque, comme l'indique le tau, *signum tau,* qu'un autre évêque lui imprime sur le front. Cette peinture, détachée d'une des vitres du chevet de l'église Saint-Denis, bâtie par Suger, est grossièrement exécutée; mais le dessin en est sévère et le coloris vigoureux. L'auteur, comme on le voit, a représenté ses personnages à l'antique et en habit civil. Ce tableau précieux, qui a été conservé au Musée des Monuments français, ainsi que ceux décrits et gravés page 63, ont été restitués à l'église Saint-Denis. (Extrait du t. VII, p. 86.)

Portrait d'Abeilard peint sur verre.

Cette peinture représente Abeilard à genoux, en habit de religieux, faisant sa prière, tel qu'il est représenté sur une des vitres de l'église cathédrale de Chartres. Voici ce qu'on lit au bas du dessin de ce vitrage, que nous avons tiré du portefeuille de Gaignières (Bibliothèque du Roi) : *Pierre Bailart, en habit de chanoine, que l'on croit être Abailard, ami d'Héloïse, ainsi représenté sur une ancienne vitre de l'église de Notre-Dame de Chartres.* (Extrait du t. VII, p. 102.)

Peinture sur verre du quinzième siècle.

Cette peinture curieuse, tirée de l'abbaye de Bon-Port, en Normandie, représente Gilles Mallet, chevalier, et Nicole de Chambly, sa femme, vêtus selon le goût du

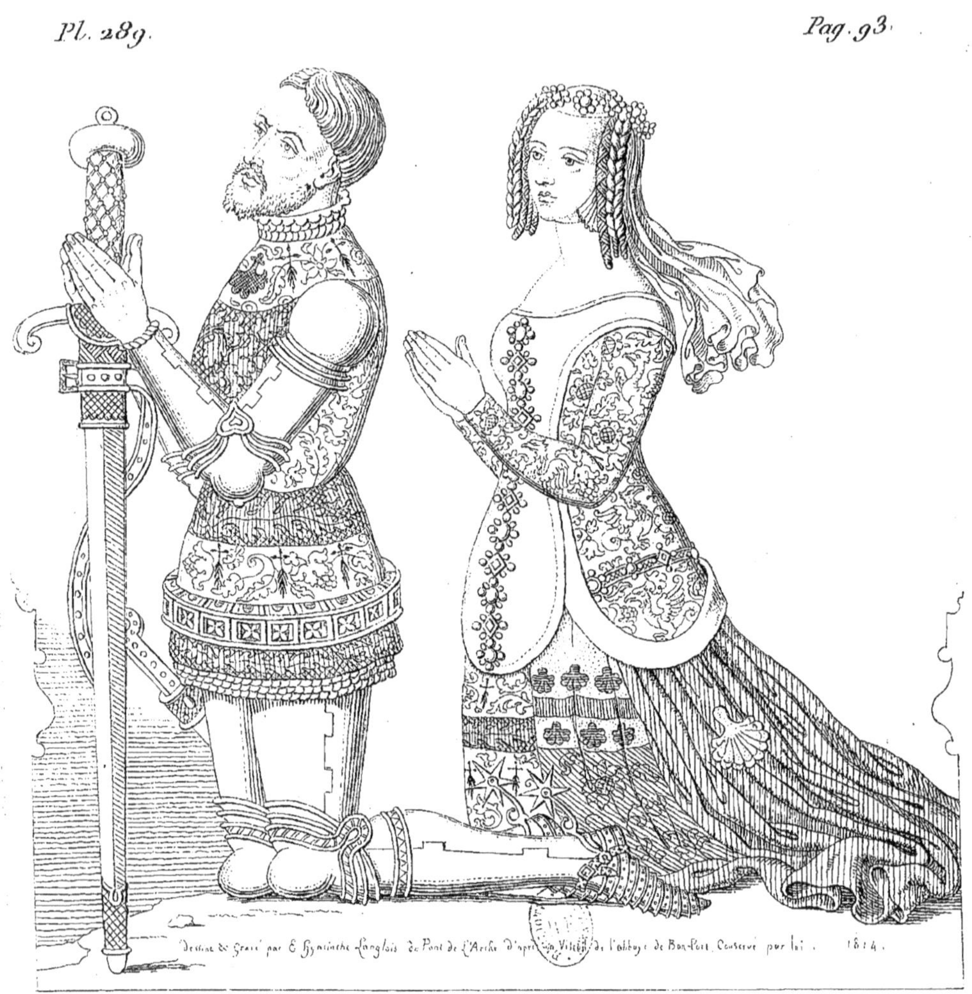

Peinture sur verre du XV.e Siècle représentant Gilles Mallet et Nicole de Chably.

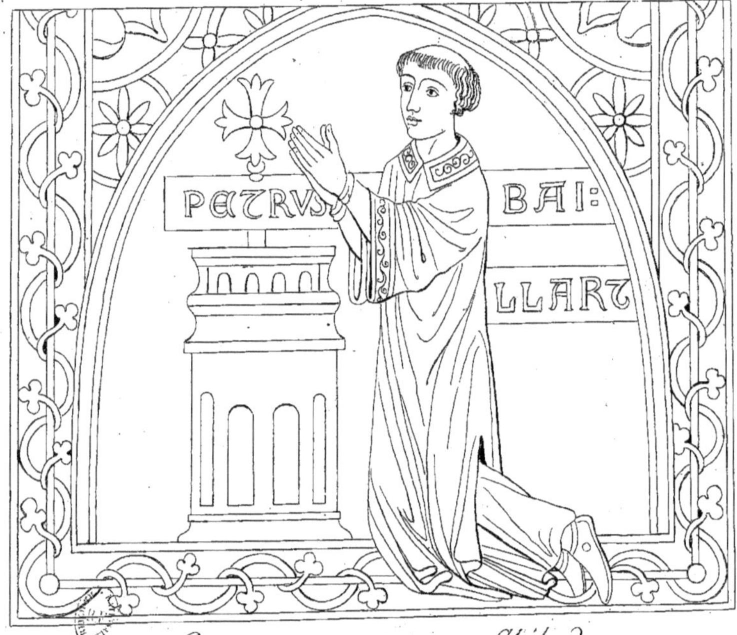

Peinture sur verre, représentant Abélard.

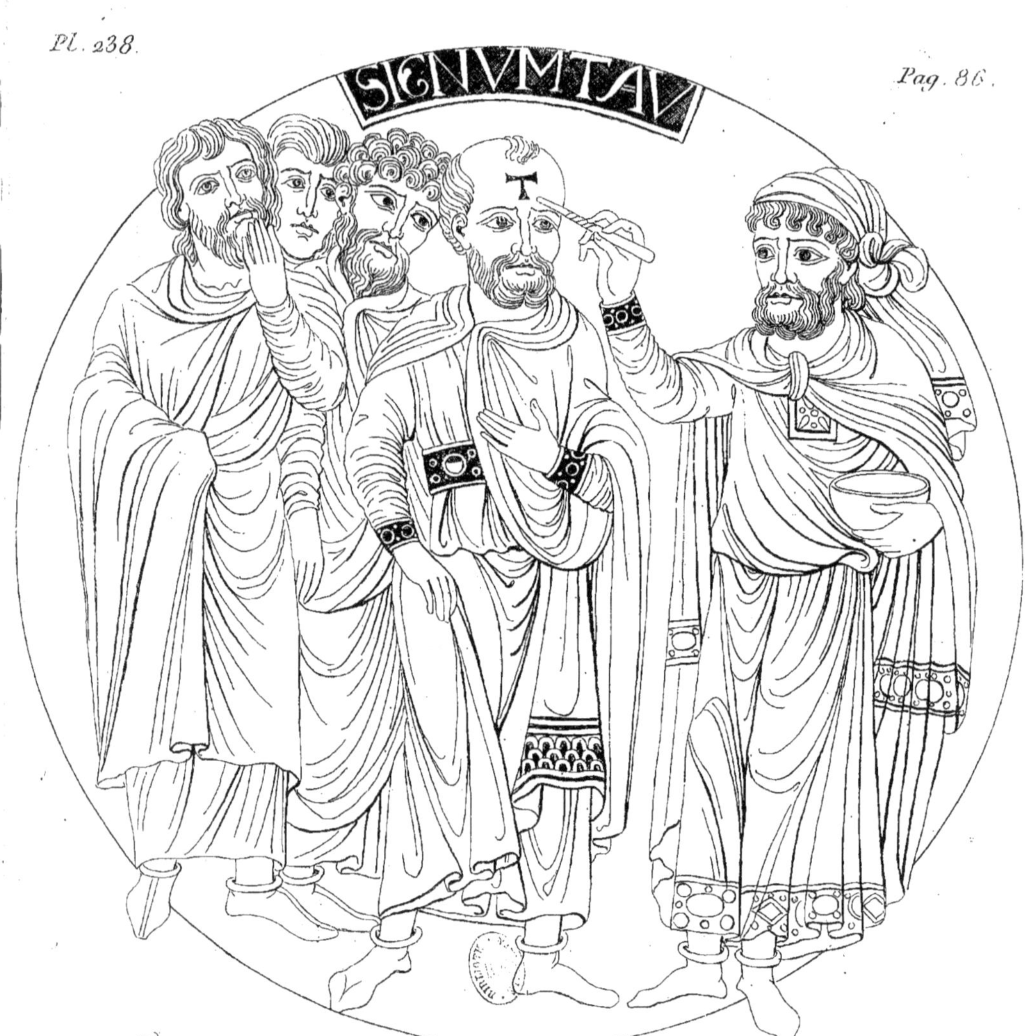

Peinture sur verre, representant la Consecration d'un Eveque.

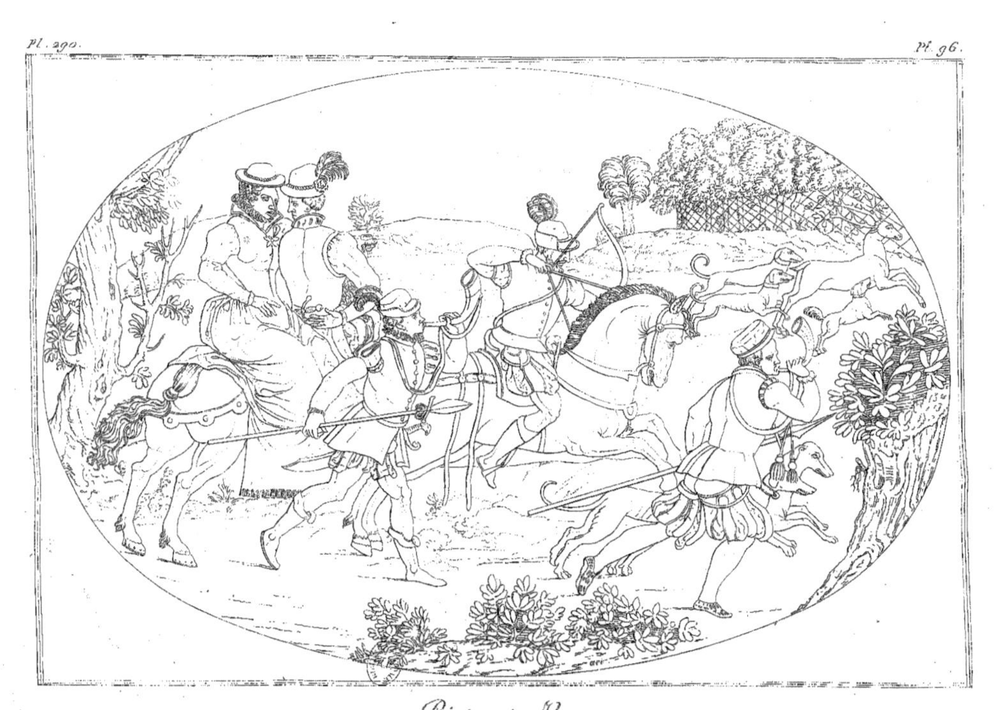

Peinture sur Verre.

Charles IX et sa femme allant à la Chasse.

Tiré du Cabinet de l'Auteur.

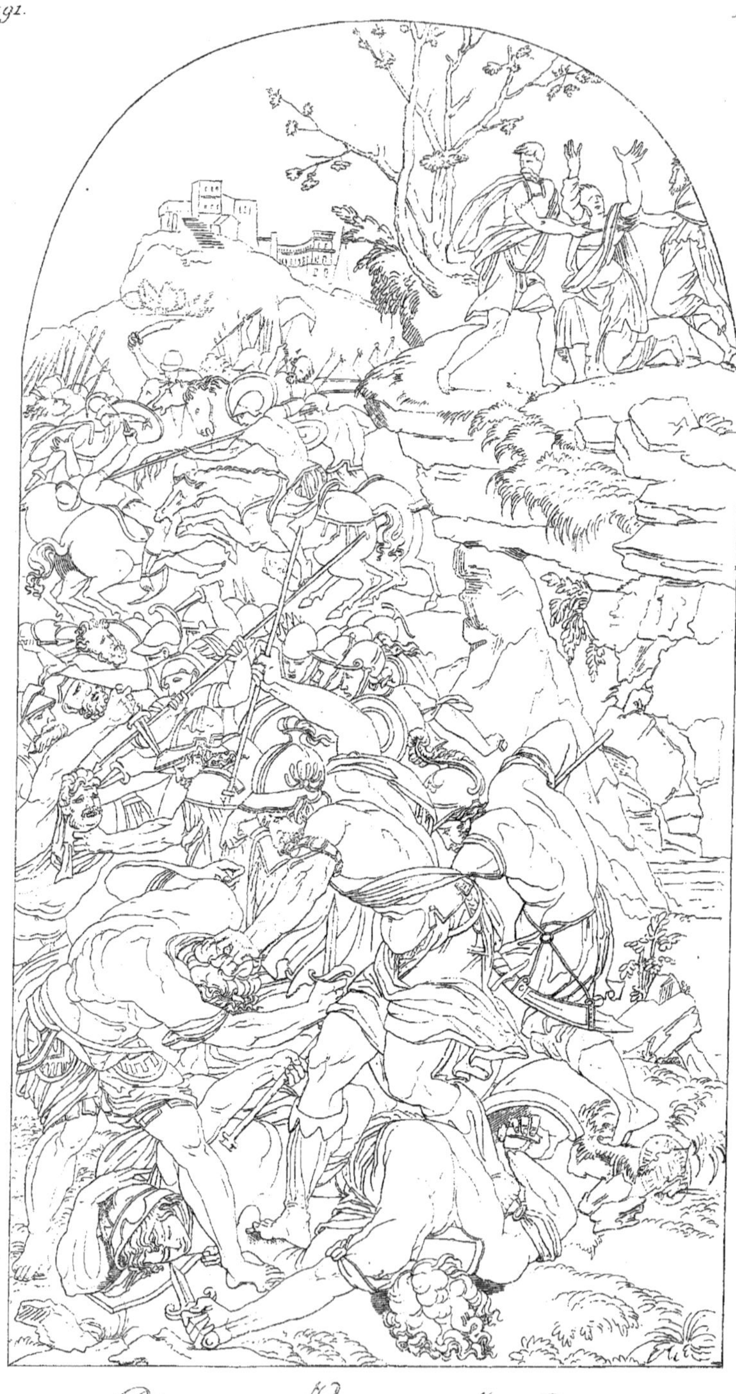

Peinture sur Verre, par Jean Cousin.

temps. Ils sont figurés tous deux à genoux et les mains jointes. Gilles Mallet est armé d'une cuirasse, d'une cotte de mailles et d'un juste-au-corps blanc et rouge, brodé, orné de petites croix, dont l'extrémité se termine par les pointes d'une cornette. Son épée, dans le fourreau, est dressée devant lui. Nicole de Chambly, dont les cheveux de derrière sont tressés et relevés de chaque côté des joues, est coiffée d'un voile et d'une couronne de brillants et de perles. Sa jupe est divisée par trois bandes d'étoffe rouge, verte et blanche. Sur l'étoffe blanche sont les armes de son mari; les siennes sont sur la partie verte. Par dessus ce vêtement, elle porte un surcot jaune, brodé en argent, avec bande et plastron aussi d'argent; il est fermé sur le devant d'une autre bande par une riche broderie en pierres et en perles. Ces deux figures se détachent sur une tapisserie en arabesque fond vert d'un excellent goût. (Extrait du t. VIII, p. 93.)

Peinture sur verre, dite grisaille, par Jean Cousin.

Cette peinture, d'une composition riche et d'un dessin parfait, qui ornait la chapelle d'Anet, que l'on a vue pendant plusieurs années au Musée des Monuments français, et que nous avons achetée avec les autres objets d'art dont nous avions orné notre Musée, représente, dans la proportion de douze pieds, le combat des Amalécites. (Voyez, p. 25, la description que j'ai donnée de la chapelle d'Anet.) — (Extrait du t. VIII, p. 97.)

Peinture sur verre.

Ce tableau, qui fait partie de ceux de mon cabinet, peint sur un morceau de verre vert, prouve, quand on n'emploie pas le plomb pour rapprocher les morceaux qui auraient été teints ou colorés séparément, que l'on ne peut parvenir à une parfaite illusion que par l'emploi de l'émail et du procédé que l'on appelle apprêt; il est gravé de la grandeur de l'original, et représente Charles IX et Elisabeth d'Autriche, sa femme, montés sur le même cheval et allant à la chasse. La couleur de cette peinture est agréable, le dessin correct, et on y remarque les costumes civils en usage sous les rois Charles IX et Henri III. (Extrait du t. VIII, p. 96.)

TABLE DES NOMS DE PERSONNES.

(Les noms de peintres-verriers sont imprimés en italiques.)

TABLE DES NOMS DE LIEUX.

Paris. — Imprimerie de Pommeret et Moreau, 17, quai des Augustins.

www.ingramcontent.com/pod-product-compliance
Lightning Source LLC
LaVergne TN
LVHW011948220826
846092LV00001B/120

* 9 7 8 2 0 1 9 1 3 3 3 4 4 *